가우스전자

리더십 편

가우스의 글로벌 인재 육성법

가우스전자
리더십 편

원작 **곽백수**
저자 **김성호**

PAZIT

파워그룹 회장 **백조원**

가우스전자가 대한민국 기업사에 전무후무한 기업임은 삼척동자도 다 알 것이라고 생각합니다. 우리 기업사 최초로 글로벌 브랜드 파워 10위 안에 들었다는 사실이 그것을 말해 주는 증거일 것입니다.

저는 오랜 세월 가우스 전자를 닮고 싶어 했습니다. 그중에서도 단연 앞서 있는 인재 육성의 비법, 가우스의 리더 육성법이 궁금했습니다. 어떻게 하면 그렇게 멋진 리더들을 많이 키울 수 있는지 회장님께 아무리 묻고 또 물어도 대답을 해 주지 않으셨습니다.

하지만 이 책을 보니 왜 그렇게 대답을 안 해 주셨는지 조금은 이해가 됩니다. 이 책은 우리나라 모든 기업들에게 참된 리더를 키우기 위한 소중한 지침을 알려 줄 것입니다. 저희 파워그룹도 이 책을 전 직원 필독서로 지정하려 합니다.

그리고 존경하는 회장님,

저 마지막 편을 읽으며 주책없이 눈물을 찔끔 흘렸습니다. 역시 회장님은 제 인생의 멘토이십니다.

오래오래 건강하세요.

저자 **곽백수**

가우스전자를 그리면서 가우스전자를 보는 분들이 서로를 이해하는 마음이 커졌으면 하는 바람이 있었습니다.

그래서 각자의 위치에서 보는 각각의 시선을 다양하게 보여주려 노력을 했고요.

이 책을 통해 처세술이 아닌 서로를 이해하는 마음이 커졌으면 좋겠습니다.

Gaus mail

✎ 편지쓰기

💬 받은편지함

☆ 별표편지함
🕐 다시 알림 항목
↻ 보낸편지함
🗋 임시보관함
∨ 더보기

🔍 메일 검색 ☰

← 👤 🖨 ✉ 🔖 ⊘ 🔊

[가우스전자 전략실] 집필 의뢰

wlqdprkrhtlvdjdy@gaus.com
나에게

김성호 작가님, 안녕하세요?

저는 가우스전자 전략실의 입니다.

그동안 많은 기업들이 가우스전자 리더 육성법에 대해 궁금해 했습니다.

그동안 많은 기업들이 궁금해 했던 가우스의 리더 육성법을 이번에 회장님의 특별지시를 통해 책으로 출간하기로 했습니다.

적합한 저자를 찾던 도중, 김 작가님의 〈나도 나를 믿지 못했다〉라는 책을 보게 되었습니다. 책에서 작가님이 반복해서 강조하시는 리더의 주도성이 가우스전자의 인재상과 맞는다는 생각이 들었고, 이탈리아에서 경영자로서의 경험도 있으신 작가님이라면 믿고 맡길 수 있을 것 같다는 내부 의견이 있어 이렇게 메일을 드리게 되었습니다.

책은 그동안 있었던 가우스전자 사내 에피소드를 중심으로 HR 부서와 회장님 인터뷰를 통해 선정한 33가지의 인사이트를 정리할 계획이며, 작가님의 경험과 함께 글로 풀어 주시면 좋겠습니다.

모쪼록 긍정적인 회신을 기다리겠습니다.

감사합니다.

Gaus mail

Q 메일 검색 ☰

← 8 🖨 ✉ 🔖 ⊘ 🔊

Re: [가우스전자 전략실] 집필 의뢰

 Sungho.kim@naver.com
가우스 전략실에게

안녕하세요. 김성호입니다.

평소 관심 있게 지켜보던 가우스전자의 리더십을 곁에서 지켜보고 책으로 풀어낼 수 있는 기회를 주셔서 감사합니다.

가우스전자의 리더 육성법을 궁금해하는 수많은 기업들에게 값진 인사이트와 지침을 줄 것이라고 생각합니다.

저를 비롯한 대한민국의 많은 직장인과 리더, 중간관리자들에게 의미 있는 책이 될 것 같아 기대가 되는군요.

편한 시간 알려주시면 찾아 뵙고,

구체적인 이야기를 나누고 싶습니다.

감사합니다.

CONTENTS

1

빅데이터

근데 빅데이터가 도대체 뭐야?

요즘 여기저기 나오는데 뭔지 모르겠어

카드사의 고객정보나 SNS 사용자 대화 같은 엄청 큰 데이터를 말하는 거예요

정보의 양 자체가 크고 복잡해서 이전에는 활용이 불가능했는데 정보처리 기술이 발달하면서 주목을 받고 있지요

내가 보기엔 어차피 이전부터 어느 정도 활용해오던 것들이고 기존의 정보분석 방식과 다른 면도 없는 거 같던데

제 생각도 그래요 이전에는 딱히 지칭하는 용어가 없었는데 빅데이터라고 이름 붙이니까 사람들이 더 주목하는 면도 있어요

이렇게 주기적으로 있잖아요 글로벌, 웹2.0, 같이 한참 떠들썩 했던 비지니스 트랜드 용어

맞아 맞아, 그거 모름 큰일나는 거처럼 떠들썩 했다가 금세 가라 앉는 거

빅데이터란 용어도 시간이 지나면 그냥 리서치 중 하나로 자리잡겠죠

맞아 암튼 별 의미도 없는데 다들 난리들이야

　김 대리가 이번 달 그룹 보고서 작성을 위해 브랜드 전략 기획 담당들을 소집했다. 다 같이 모여 그간의 안부와 이런 저런 회사 내의 소식들을 주고받으며 담소를 나눈 후 보고서 방향에 대해 의견을 나누었다.

"그런데 요즘 회장님이 주로 말씀하고 다니는 화두가 어떤 것인지 알아요?"

"요즘은 냉장고 이야기를 하신다고 하네요."

"냉장고? 그게 뭐예요?"

"냉장고에 들어 있는 모든 내용물을 다 꺼내서 생존에 필요한 것만 다시 담고, 나머지는 다 덜어내야 한다는 의미라고 합니다."

"그거 구조 조정 아니예요?"

"비슷하게 생각할 수 있지만 구조 조정이란 고루한 말은 절대 쓰면 안 됩니다. 냉장고 법칙이라고 불러야 합니다."

"그럼 둘의 차이는 뭔가요?"

"구조 조정은 군살을 제거하는 것이고, 냉장고 법칙은 아예 살을 다 잘라버리고 필요한 것만 붙이는 거잖아요."

"살을 다 제거하면 죽잖아요."

한자리에 모인 직원들은 서로 냉장고가 무엇인지 추측하느라 한마디씩 거들었다. 그러다 한 사람이 말했다.

"예, 알겠는데요. 그럼 우리 사업부도 그거 실제로 해야 하는 건가요?"

"일단 냉장고 법칙이란 용어를 적절히 쓰면서 보고서를 설득력 있게 쓰는 것부터 해야죠."

"아니, 우리가 할지 안 할지 뭔가 알아야 설득력 있게 쓰죠!"

"이런 일 한두 번 해 봐요? 두세 달만 그 말 섞어서 보고서도 쓰고, 실제로 하는 것처럼 하면 그러다 싹 없어진다니까요. 회장님이 그 사이 또 뭔가 보거나 듣고서 다른 화두를 가져오시는데 뭘 그렇게 신경을 쓰고 그래요?"

이 말에 모두들 고개를 끄덕이며 자신의 컴퓨터를 주시하며 보고서를 작성하기 시작했다.

지적인 위장술에 속지 마라

위의 상황은 많은 기업들의 현장에서 흔히 발생합니다. 담당자들은 이것을 '돌려 막기'라고 부르기도 합니다. 시기마다 유행을 타는 경영의 화두나 용어, 이론 등을 인용하며 회사 내에 이미 존재하는 개념을 마치 새로운 것처럼 포장하는 것을 말합니다. 한때는 보고서에 지식 경영으로 막았고, 다음으로 벤치마킹으로 막았으며, 얼마 후 레드 오션이나 비즈니스 리스트럭처링으로 막기도 했죠. 아마 다음 번 보고서에서는 OKR로 막는 분들이 그때그때 상황을 보면서 경영진이 좋아할 만한 주제로 돌아가면서 보고서를 채우는 아주 기민한 '돌려 막기'를 선보일 것입니다. 이런 돌려 막기가 보고서 작성자의 능력으로 자리매김하고 있는 회사들이 종종 있습니다. 여러분의 기업은 그런 곳과 아주 다를 것이라 생각하지만 현실 속에서 그런 기업들이 존재하고 있으니 주의하시길 바랍니다.

더 철저하게 주의하시라는 의미로 그런 곳의 특징을 말씀드리겠습니다. 그 구성원들은 아주 겸손하고 친절합니다. 물론 주로 상사에 대해서 표면적으로 그렇게 보이는 것이죠. "저희는 이런저런 사안에 대해 그동안 이모저모로 지식 경영을 진행해 왔지만 아직 가야 할 길이 멀고 멉니다.", "그동안 저희가 실행해 온 거시기 프로젝트는 최근 대두되고 있는 OKR 관점으로 볼 때 개선의 여지가 많습니다."와 같은 말을 사용하여 이미 잘하고 있다는 식의 표현은 가급적 자제하며 구체적이고도 상세한 분석과 원인도 언급하지 않습니다. 왜냐하면, 너무 아는 체하거나 잘난 체하는 인상을 주는 것을 꺼리기 때문입니다. 그들이 작성한 보고서를 읽고 경영자가 한 수 알려줄 여지를 반드시 남겨야만 합니다. 바로 이 부분이 중요합니다. 그들은 보고서를 통해서 경영자에게 "부디 한 수 알려 주십시오. 사장님의 가르침을 고대합니다."라는 부하로서 마땅한 정중함을 보여주고 싶어 합니다. 그다음 순서는 당연하고도 자연스럽게 "사장님의 지시대로 하니까 이런 엄청난 결과가 나타났습니다! 역시 사장님은 위대하십니다."로 향하지요.

그들은 알고 있습니다. 최근의 경영 트렌드를 이미 꿰뚫고 있는 리더의 이미지를 사장님이 얼마나 좋아하는지를. 그렇기에 적절히 사용한 그 용어와 개념을 담은 보고서를 읽고 피드백해 주는 과정을 통해 사장님이 느낄 자기 만족감의 힘이 얼마나 큰지를.

 회장님의 한마디

다들 진짜 어린애한테 회사를 맡겨둔 것 같아서 내가 걱정이 되서 잠이 안 와요.

이 친구들 내가 열심히 보고 배워서 어떻게 하든 가르쳐야지.

2

사일로 현상

얼마 전 비싼 금액을 지불하고 사들인 무선 통신 기술이 이미 사내에 대체 기술이 있는 것으로 밝혀졌습니다

왜 그런 일이 생긴 거야?

사일로 현상으로 보입니다

사일로 현상?

굴뚝이나 곡물 저장 창고를 뜻하는 말로 부서 간에 담을 쌓고 교류는 안 한 채 견제만 하는 것으로

조직 전체의 이익보다는 개인이나 부서의 이익에만 초점을 맞추는 현상을 말하죠

그룹웨어 내의 채팅창에서 조 부장이 보낸 메시지가 도착했음을 알리는 신호가 깜빡거린다.

조 부장: 김 과장, 모레 A 프로젝트 관련해서 제출할 제안서 오늘 황 이사님께 보고하기로 했는데 준비 다 됐지?

김 과장: 아, 예. 염려 마십시오. 다 됐습니다. 제가 할 준비는 끝

났고요. 첨부할 자료로 생산 원가 예측 자료는 생산 기획 팀의 허 과장에게 부탁해 두었습니다. 오늘 10시까지 받기로 했는데 지금 한번 더 확인하겠습니다.

조 부장: 역시, 김 과장은 믿음직하군. 수고했고 오늘 오전 중으로 마무리해서 내게 제출해줘. 내가 검토하고서 내일까지 이사님께 승인받도록 할게.

김 과장: 예. 알겠습니다.

김 과장은 느긋한 마음으로 생산 기획 팀의 허 과장에게 메시지를 보내려 채팅창을 열었다.

허 과장님, 안녕하세요. 지지난주에 요청 드렸던 생산 원가 예측 자료 오전 중으로 송부해 주실 수 있을까요?

메시지를 보내자마자 채팅창에는 '수신자 불명'이라는 팝업창이 깜박거렸다. 김 과장은 당황하여 여러번 메시지를 보냈지만 같은 현상이 반복될 뿐이었다.

"저 신사업 기획 팀의 김 과장인데요. 거기 허 과장님이 연락이 안되는데 전화 좀 돌려주세요."

"예? 뭐라구요? 그만두셨다구요?"

"아니, 농담하지 마시고요. 지난주까지 서로 연락했는데 그만두다니요?”

“진짜라구요? 그럼 어떡해요? 신사업 기획안에 들어가는 생산 원가 예측 자료 준비를 허 과장님께 부탁드렸는데 누구한테 받아요?”

거듭되는 모른다는 대답에 김 과장은 생산 기획 팀으로 달려갔다. 그리고 허 과장의 자리가 깨끗이 비워져 있는 것을 보았다. 생산 기획 팀장인 구 차장에게 문의했지만 그도 허 과장이 준비하기로 한 일에 대해 들은 바도, 아는 바도 없다고 했다. 대책 회의를 했지만 자료 준비를 위해서는 최소한 일주일의 시간이 필요하다는 답을 들었을 뿐이다.

김 과장으로부터 보고를 받은 조 부장은 노발대발하며 구 차장을 호출했지만 같은 대답이 반복될 뿐이었다.

“아니, 중요한 담당이 그만두면 사전 안내를 해야지 우린 몰랐잖아!”

“우리는 회사 규정대로 인사과에 보고하고 정식으로 퇴사 절차를 밟았습니다.”

“김 과장, 자네는 같이 일하던 사람이 그만두는데도 모르고 대체 뭘한 거야?”

“허 과장이 일체 언급조차 안 했는데 제가 어떻게 압니까?”

조 부장은 인사과에 전화를 했다. 그리고 따지듯 물었을 때 인사과에서는,

“부장님, 허 과장 퇴사 안내는 메일로 부장님께 드렸잖아요. 확인해

보니 5월 3일 자로 발송이 됐습니다."

조 부장은 확인해 보겠노라 대답을 하고 메일을 확인해 보았더니 정말 3일 자로 퇴사 안내 메일이 들어와 있었다. 결국 조 부장의 실수로 확인되어 조 부장이 시말서를 쓰는 선에서 사태는 일단락되었고, 제안서는 결국 준비가 미흡해 오퍼를 하지 못했다.

그리고 몇 달 후 김 과장은 이직한 허 과장을 사석에서 우연히 만날 수 있었다.

"과장님, 과장님께서 그만두시는 바람에 제가 준비하던 프로젝트 결국 제안조차 못해 보고 드롭 됐습니다."

"무슨 소리예요? 그거 구 차장님께 다 인수인계 드리고 나왔는데요."

"네? 정말인가요?"

"정말이죠. 인수인계 서류에 분명히 자세히 기록해서 드리고 나왔죠."

"이상하네요. 제가 허 과장님께서 만드신 인수인계 서류를 샅샅이 뒤졌는데 그 프로젝트 관련 내용은 전혀 없었는데요."

"그래요? 알 것 같네요."

"부서장이 손을 살짝 손을 썼나 보군요. 그 양반 그 버릇 언제나 고치나? 쯧쯧."

'사일로 현상'은 부서이기주의로 번역이 되고는 합니다. 부서이기주의란 무엇인가요? 내 조직만 피해를 보지 않고 내 조직에게 유리한 것만 취하려고 하는 좋지 못한 행동을 말합니다.

그렇다면 왜 부서이기주의가 생길까요? 과도한 내부 경쟁이 그 원인에 해당합니다. 같은 기업 안에서도 다른 조직이 좋은 성과를 내거나 좋은 평가를 받으면 자신의 조직의 성과나 평가가 상대적으로 낮아진다는 생각을 하는 모습이 대표적인 내부 경쟁의 부정적인 모습입니다. 때문에 다른 조직이 성과를 내지 못하도록 의도적으로 소통을 교묘하게 막는 모습을 보입니다.

일본의 위대한 경영자인 마쓰시타 고노스케 씨는 이렇게 말했습니다. "경영의 과거형이 관리라면 경영의 현재형은 소통이다. 그렇다면 경영의 미래형은 무엇일까? 그 역시 소통이다." 소통은 기업이 성장하고 발전하는 데 있어 가장 중요한 것입니다. 따라서 경영자를 비롯한 리더는 자신의 조직의 소통 수준을 늘 점검해야 합니다.

소통이 상대방의 요구가 있을 때만 하는 것이 아님을 우리는 압니다. 상대에게 필요하다고 내가 느낄 때도 해야 하는 것입니다. 즉 소통은 배려의 다른 표현이라고 할 수 있습니다. 소통이 없거나 부족한 조직은 서로 경쟁만 있고 배려가 결여되어 있는 경우가 흔합니다.

서로에 대한 과도한 경쟁은 결국 기업에 악영향을 끼칩니다. 만약 당신이 회사에서 리더를 맡고 있다면 팀 내에서도 서로가 서로를 경쟁자로 의식하는 분위기가 형성되어 있지 않는가 살펴보아야 합니다. 서로가 서로를 견제해야 할 대상으로만 여긴다면 상대에게 도움이 될 수 있는 모든 정보를 차단하거나 지연해서 그가 잘되지 못하도록 자신이 할 수 있는 모든 노력을 기울일 것입니다.

팀이나 기업의 분위기와 문화가 이미 조성되어 있다면 직원들이 그것에 맞서서 고치기는 사실상 불가능합니다. 함께 그 분위기에 휩쓸려 갈 수밖에 없게 되는 것이지요. 서로를 경쟁자로 의식하며 동료로 생각하지 않는 문화가 팽배한데 그 기업이 잘 될 가능성은 희박합니다.

그렇기에 리더들은 사일로 현상이 보이면 단호하게 싹을 도려내야 합니다. 리더부터 사일로 현상의 위험을 인지하고 기업 내의 원활한 소통을 만들고자 혼신의 힘을 기울이지 않는다면 결코 사일로 현상은 해결되지 않을 것입니다.

회장님의 한마디

이 친구들아, 서로 말도 좀 하고 그래. 어색하면 내 별장 빌려줄 테니까 같이 놀러 가기도 하고. 같이 둘러앉아 막걸리 한잔하면서 두런두런 얘기하면 이해 못 할 게 뭐가 있겠어?

자네들은 운명을 함께하는 전우이지, 적이 아니야. 알면서 왜 그래?

3

멀미

하... 매일매일
어떻게 지나가는 지도
모르겠어요
이리 치이고 저리 치이다
보면 하루가 다 가요

뱃멀미나
차멀미 안 하는
방법 알아?

네?
갑자기
무슨...

그건 배를 직접 몰거나
차를 직접 모는 거야

아 맞아요
차 타고 가면 멀미 나지만
직접 운전하면
멀미가 안 나더라구요

세상일도 마찬가지지
이리 치이고 저리 치이면
멀미가 나지만
자신이 주도적으로 헤쳐
나가면 멀미가 덜 나지

에.. 그건 우리 같은 직장인
한테는 힘들지 않나요?
사업하는 사람들이나
가능하지

꼭 그렇지 않아
직장 생활이 거래라는 것만
명확히 하면 돼

거래요?

세상 모든 일이 거래잖아
난 회사에 적절한 용역을
제공하고 회사는 그 보상으로
급여를 지불하는 거지

직장 생활은 상하 관계나
주종 관계가 아니야
단순한 거래야
조건이 맞음 일하고 조건이
안 맞음 떠나는 거지

나 같은 경우는
회사 내에서 창업을 하고 있다는
생각을 가지고 있어
그러면 스트레스가 줄어들지

에...

이제 입사한 지 5년 차인 이 대리는 오늘도 구 차장 앞에 불려가 크
게 혼이 나고 있었다.

"이봐, 모르면 물어보면서 해야 할 거 아니야. 내가 언제 이렇게 하라
고 했어?"

"죄송합니다."

구 차장은 몇 번 반복적으로 비슷한 투의 말을 던지다가 자기 스스로 감정이 격해져 여과 없이 말을 뱉어 냈다.

그렇게 30분이 넘는 시간 동안 야단을 맞고 온 이 대리의 표정이 이상하게 평온했고 그런 모습이 더 이상하게 보였다. 분명 무엇인가 있다는 촉이 발동했다.

이 대리에게 퇴근 후에 "한잔 어때?"라고 물어보니 흔쾌히 좋다고 대답을 한다.

"구 차장 그 인간은 왜 자꾸 이 대리를 못 잡아먹어서 안달인지 모르겠어. 아주 비열한 인간이야."

"선배, 괜찮아요. 하하."

"이 대리 너 뭐 있지?"

"있기는 뭐가 있어요. 하하!"

"네 지금 모습이 이상하잖아. 구 차장에게 그렇게 욕을 먹고도 웃고 있잖아. 그게 안 이상해?"

"하하하!"

몇 잔 술을 들이키고 나서 이 대리는 이실직고했다. 경쟁사이자 업계 일등 기업인 가우스전자에서 스카우트 제의가 왔다는 것이다.

"정말이야? 우와! 축하한다. 잘 됐다!"

"선배, 선배도 알잖아요. 구 차장 걔 일 못해요. 차장까지는 어찌저찌 승진을 했는지 모르겠지만 그 실력으로 부장은 어림도 없죠. 인사과에 있는 동기가 그러더라구요. 저 이번에 과장 승진 유력하다고요. 구차장 걔, 제가 과장되고 지보다 더 인정받고 주목받는 게 싫어서 더 저러는 거라고요.”

“너 가우스전자로 갈 거냐?”

“가야죠. 절 인정해 주는 곳으로 가야죠.”

　이 대리와 많은 이야기를 나눈 후 진심으로 축하한다며 그의 손을 잡아 주고 어깨를 두드려 주고 나서 집으로 돌아오면서 생각했다.

　‘내가 구 차장에게 야단을 많이 맞지 않고 비교적 원만히 지낼 수 있는 것은 구 차장이 나를 자기 자리를 위협하는 사람으로 여기지 않기 때문일까? 만약 그가 그렇게 느껴서 날 심하게 대한다면 난 무슨 대안이 있을까?’

　이 대리가 헤어지기 전에 내게 했던 말이 귓가를 맴돌았다.

“구 차장 그 인간, 목숨 걸고 자기 자리를 지킬 겁니다. 절대 물러나지 않기 위해 안간힘을 쓸 거라고요. 제가 가만히 있으면 평생 그 인간에게 스트레스 받으면서 살 거예요. 그래서 저는 제가 스스로 나가는 선택을 할 겁니다.”

“그 인간을 제 인생에서 아무것도 아닌 존재로 만들기로 저는 선택한 겁니다. 선배님.”

그 순간 그는 괜찮은 것처럼 보였다. 그때 한 줄기 생각이 스쳤다.
그런데 과연 나는 괜찮을까?

당신이 커리어의 주인이다

기업에서 직원이 주도적일 수 있을까요? '주도적'이라는 의미는 과연 무엇일까요? '주도적'이라는 것은 자기 삶의 주인이 자기인 것을 알고 주인으로서 역할을 다하는 것입니다.

사람은 누구나 주도적인 존재입니다. 누구나 공동체에서 서로 돕고 연합하며 살지만 동시에 각각의 존재는 다 주도적입니다. 너무나 당연한 이야기라고 생각이 드나요? 자기 삶의 주인이 자기가 아니면 누구겠습니까?

하지만 현실에서 우리는 이와 상반된 모습을 자주 보게 됩니다. 흔히 말하는 '갑질'이라는 현상도 상대의 주도성을 심각하게 침해하는 것입니다. 당하는 사람이 주도적이라면 '갑질'도 참으면 안 되죠. 하지만 쉽게 벗어나지 못하는 경우가 빈번합니다. 현실에서는 자기가 주인임을 머리로는 이해해도 그것을 행동으로 실행하는 것이 그리 쉬운 일이 아님을 우리는 자주 보고 느낍니다.

더불어 회사 생활을 하다 보면 누구나 주도성을 원하고 좋아하는 것은 아니라는 사실을 깨닫게 됩니다. 누구나 생각으로는 자신을 주도적이라고 여길지라도 적지 않은 이들이 주도적인 사람을 오히려 불편해하고 스스로 주도적이기를 포기하는 경우도 많습니다. 아부와 같은 행동이 이에 해당

되겠죠. 당신은 기업의 소유권을 가진 주인이 아닐지 몰라도 당신 삶과 당신의 커리어에 있어서는 주인입니다. 누구라도 당신의 삶과 커리어를 침해하는 존재가 있다면 당신은 삶의 주인으로서 단호히 그런 행위로부터 당신 스스로를 지켜야 합니다. 그것이 바로 주인의 자세입니다.

주인은 약하지 않습니다. 무작정 당하지 않습니다. 단호한 자세로 자신의 소유권을 주장하며, 보호합니다. 이러한 태도가 주도적이며, 주인으로서의 자세입니다.

아부와 갑질이 존재하는 조직에서는 개인의 주도성을 인정하지 않고 배척합니다. 왜 그럴까요? 그 둘이 서로 충돌하기 때문입니다. 그렇기에 이러한 조직에서는 주도적인 사람들이 가장 먼저 이탈하기 마련입니다. 이것이 계속 된다면 각자의 개성과 주도성을 존중하는 주도적인 문화가 점점 희미해지고, 종래에는 상실될 것입니다.

피터 드러커는 이렇게 말했습니다. "기업은 단순히 기업이 아니다. 기업은 민주주의를 이끄는 경제적 기관이다." 기업이 민주주의를 이끈다면 무엇과도 바꿀 수 없는 개인의 소중함을 존중해야 합니다. 기업은 단지 돈을 버는 조직이 아니라 소속된 사람들의 행복을 만드는 곳이기도 하다는 사실을 늘 기억해야 합니다.

 회장님의 한마디

같이 일하는 사람한테 너무 야박하게 하는 거 그거 숨한 짓이야.
- -
사람이 그러면 못쓴다. 마음 그릇이 고따구로 작은 인간은 쓸데가 없거든.

아니 이 놈은 왜 글을 안 읽어?

뭐가요?

아니 대학 동기놈한테 카톡 보냈는데

며칠이 지났는 데도 읽지를 않네

그거 보고도 답 안 하는 걸지도 몰라요

응 정말?

이렇게 마지막 문장은 보이니까 내용 파악하고 귀찮으면 아예 읽은 티 안 내려고 열어 보지 않는 거죠

대화 66%

김성훈, 김동우, 황진선, 강... 13
http://comic.naver.com/... 오후 2:2

LINE팀
[LINE Rangers - 5만원 상당의 루비 증
정 이벤트] ☆ 최근 출시된 'LINE... 금요일

박정선
야 일요일 동기 모임 꼭 나와라 수요일

이미경
그리고 아마 좀 그래서 안 오는 경기... 3.0

　총무 팀을 맡고 있는 김 팀장은 고민이 하나 있다. 팀장 미팅에 들어
가면 유독 총무 팀이 이메일을 늦게 확인하거나 확인을 안하고 있다
는 타 부서의 원성이 점점 더 커지고 있다는 것이다.

　처음에는 김 팀장도 팀원들에게 주의를 주면 나아질 것이라고 순진
하게 생각했지만 상황은 나아지지 않았다. 문제는 김 팀장 본인이 팀
원들에게 주의를 주는 횟수가 늘어 갈수록 팀원들에 대해 감정이 상

한다는 것이다.

어느 날 책을 보다가 국제적으로 유명한 한 기업이 사내 안전 의식 강화를 위해 의도적으로 불시에 외부 전문가를 고용해서 회사에 무단으로 들어와 이곳저곳을 돌아다니게 하고 직원들의 책상이나 서랍에서 물건과 서류 등을 훔치도록 만드는 모의 실험을 했다는 내용을 보면서 무릎을 탁 쳤다. 그 기업이 그와 같은 실험을 통해서 침입자에 대해 직원들이 의식을 하는지, 행동이 수상한 낯선 사람을 본 직원들이 그를 제지하고 신고를 하는지 테스트했듯이 김 팀장 본인도 팀원들이 모르는 상황에서 테스트를 해 보고 싶은 마음이 들었다.

김 팀장은 비밀리에 개발 1팀의 막내 직원을 불러 취지를 설명하고 그에게 총무 팀원 모두에게 개별적으로 메일을 보내 달라고 부탁을 했다. 메일 내용은 다음날 아침 10시에 회의실에서 미팅을 청하는 내용이었다. 동시에 김 팀장도 전원에게 각각 메일을 보냈다. 내일 아침 10시에 미팅을 소집한다는 내용이었다. 팀원들은 과연 어떤 반응을 보여야 했을까?

다음날 아침 10시에 김 팀장과 팀원 5명 전원이 회의실에 모였다. 그리고 개발 1팀의 막내 직원도 초대되어 참석했다. 그리고 그 직원은 자신이 요청한 동시간대의 미팅에 대해 거절이나 시간 변경 요청의 답신을 한 직원들이 누구인지 발표했다. 놀랍게도 5명의 팀원들 중 단 한 사람만 답신을 했다. 총무팀의 막내인 오성실 사원 하나만 시간 변경을 요청하는 답신을 보냈던 것이다. 그 말은 결국 나머지 4명은 개발 1팀의 막내 직원이 보낸 미팅 요청 메일을 확인하지 않았다는 의미였다.

개발 1팀의 직원이 용건을 마치고 나간 후에 모여 있던 총무 팀의 선배 직원들은 다 같이 아무 말도 할 수가 없었다. 말없이 앉아 바닥만 쳐다보고 있는 그들을 향해 김 팀장이 말문을 열었다.

"여러분이 그동안 다른 사람들 눈에 보이지 않는 음지에서 말없이 묵묵하게 직원들을 섬기고 살펴온 것을 저는 압니다."
"오늘 이 깜짝 이벤트는 여러분에게 왜 못했냐고 야단치기 위한 것이 아닙니다. 지금까지 잘 해온 여러분의 노고가 작은 부주의로 인해 폄하되거나 무시당하지 않도록 우리 함께 더 노력하자는 다짐을 하자는 의미로 받아 주시기를 바랍니다."

김 팀장이 자리를 뜨고 나서 직원들은 자체적으로 지금껏 이어져 온 문제를 구체적으로 나누고 해결을 위해 도움이 될 수 있는 원칙과 행동 수칙을 정하는 모임을 가졌다.
그날 저녁 김 팀장은 직원들과 조촐한 회식을 가졌다.

소통의 두 가지 모습, 경청과 반응

소통은 두 가지의 모습을 기본으로 이루어집니다. 바로 '경청'과 '반응'입니다. 얼굴을 맞대고 하는 대화는 물론이고, 전화나 이메일 등 비대면으로 하는 소통에서도 경청과 반응은 동일하게 작용됩니다. 이메일의 경우 읽는 것이 경청에 해당하고 답신을 하는 것이 반응에 해당하는 것입니다. 상황이 여의치 않을 경우 빠르게 대충이라도 읽고 나서 반응을 결정하는 것이 유용할 때가 많습니다.

하지만 문제는 경청이나 반응 중 하나라도 무시되는 경우입니다. 읽거나 확인을 안 하면 반응의 가능성은 애초에 성립되지 않습니다. 따라서 제때에 신속히 확인하는 습관을 들여야 합니다.

제가 꽤 오랫동안 직장 생활을 하면서 꾸준히 지켜온 패턴은 근무 시작 전 1시간 동안 이메일을 처리하거나 업무와 관련된 책 혹은 참고 자료를 읽는 시간을 갖는 것이었습니다.

그 시간에 이메일을 처리할 때 저 나름대로 가졌던 원칙은,

1) 홍보성 메일은 일절 읽지 않고 지우거나 스팸으로 처리한다.

2) 일정과 관련된 메일은 즉시 답한다. (거절하거나 수락하면서 캘린더에 일정 등록)

3) 짧게 답할 수 있는 메일은 즉시 처리한다.

4) 시간이 필요한 것은 예상 시한을 생각해서 짧게 언제까지 하겠다고 답신을 한 후, 캘린더에 시작/중간 점검/완료일을 정해서 기록해 둔다.

5) 공유가 필요한 것은 즉시 해당되는 사람들에게 공유하면서 필요한 지시를 한다.

6) 받은 메일함에 남아 있는 메일은 최소로 유지하고, 처리한 메일은 보관함으로 그때그때 이동시킨다.

메일을 보낼 때에도 나름대로 아래와 같은 원칙을 가지고 보냈습니다.

1) 제목에 메일의 용도와 내용을 함축하여 적는다.

　예 (정보 공유) 2020년 임대차법 개정 요약본 / (보고 요청) 8월 9일까지 제품별 수익성 분석 보고

　서 제출 요청 / (리마인더) 내일이 제품별 수익성 분석 보고서 제출일입니다. 등

2) 수신인에게 메일 수령 확인 겸 중간 보고를 포함한 전체 일정을 기록해서 답신을 요

　청합니다.

3) 답장이나 처리 등에 기한이 정해져 있는 경우 처리 기한을 지정해서 보내, 수신인이

　메일을 수령할 경우 그의 캘린더에 일정 등록이 되도록 한다.

4) 내용을 되도록 짧게 적고 결론을 맨 앞에 요약해서 적어 둔다.

세계적인 기업 중 하나인 3M은 직원들에게 따라야 할 규범으로 Talk,
Talk, Talk을 내걸었다고 합니다. 반응 없이 침묵하는 사람이 많은 조직은
점점 경쟁력을 상실할 것입니다.

회장님의 한마디

묻는 말에 제때 대답을 안 하는 그 버릇은 고치라고 내가 몇 번이나 말해?
- -
상대방 말을 제대로 듣지 않으니까 우물쭈물하고 동문서답 하는 거잖아.
- -
자네 설마 몰라서 그러는 거야?

야근

시간은 오후 5시 30분
퇴근 시간이 30분
남았습니다

♪

그때 상사가 당신에게 일거리를
가져옵니다

교육아 이것 좀
해 놔라

네?

그 일을 다 마치려면 2시간
정도가 걸릴 것 같습니다
어떤 대답을 해야 할까요

걱정하지 마십시오
내일 아침까지 책상 위에
올려 놓겠습니다

좋아요
바로 그겁니다

짜증이야 당연히 나겠지만
야근은 회사 생활에 필수!
어차피 해야 되는 일!

시원시원하게 대답하고 하는 게 상사를 위해서도 여러분을 위해서도 좋겠죠

그럼 오늘 수업은 이것으로 마치고

질문 있습니다

그럼 그건 저녁을 먹고 해야 하나요? 아니면 바로 해야 하나요?

그건 상사가 퇴근을 하느냐 안 하느냐, 혹은 마감이 언제까지냐에 따라 달라지겠죠

그럼

선생님!

약속 같은게 있으면 일을 가져가서 집에서 해도 되나요?

"사장님, 드릴 말씀이 있습니다."

인사 팀장이 찾아와 보고 드릴 것이 있다고 한다. 대표는 들어와 보고하라고 한다.

"이번에 3개의 프로젝트를 동시에 론칭해야 하는데 PM^{Project Manager}을 하겠다는 직원들이 없습니다. 2개에 대해서는 간신히 동의를 얻었지만 가장 어려운 프로젝트인 ○○에 대해서는 후보자들 모두 하지 않겠다며 고사를 하고 있습니다."

"김준기, 이호중, 최시형 이렇게 세 명인데 모두 하지 않겠다고 거절하고 있습니다."

"아니 왜 하지 않겠다는 거야?"

"PM을 하게 되면 업무량이 늘어나서 매일 야근에 주말근무까지 하게 될 수 있을 것 같아서 싫다고 합니다."

"자네도 참 답답하네. 그럼 이 과제를 마치고 나면 팀장으로 승진시켜 주겠다고 하면 되잖아."

"문제는 팀장을 시켜 준다고 해도 아무도 하고 싶어하지 않는다는 것입니다."

"뭐? 팀장으로 승진시켜 준다고 해도 싫다고 해? 대체 왜 승진이 싫다는 거지?"

"승진해 봐야 몸과 마음이 더 괴로워지기만 한다고 생각하는 것 같습니다. 그냥 전문가로 실무를 맡아서 자기 일만 열심히 하는 것이 더 좋다고 합니다."

"진짜 알다가도 모르겠네. 급여도 오르고 복지도 나아지고 팀원들도 거느릴 수 있는데 왜 승진을 싫다고 하지? 직장 다니는 이유가 승진 아니야? 내가 뭘 잘못 생각하고 있는 건가? 참, 요즘 애들은 이해할 수가 없어요!"

"더 나은 급여나 복지보다 자기 시간이 더 중요하다고 생각하는 것 같습니다.”

그 후로도 인사 팀장은 대표로부터 받은 꾸중이자 반은 하소연인 소리를 한 시간이나 더 들어야 했다. 그리고 나서야 대표는 마지막 말을 툭 내던졌다.

“아, 몰라. 난 모르겠으니까 자네가 그 셋 중 하나를 어떡하든 PM 자리를 받아들이도록 설득해서 해결해. 그러기 전까진 내게 보고하러 올 생각은 하지도 마!”
“예. 알겠습니다.”

인사 팀장은 대표의 방을 나서서 자기 방으로 돌아와서 서랍을 뒤적이기 시작했다. 그리고는 어디론가 전화를 했다.

“안녕하세요. 조 대표님. 얼마 전 연락을 주셔서 잠깐 만났었던 플라이소프트의 김장수 인사 팀장입니다. 기억하시는지요?”
[아,예! 안녕하세요? 당연히 기억하죠. 팀장님. 어쩐 일로 전화를 주셨나요?]
“지난번에 대표님께서 말씀하신 곳의 인사 팀장 자리 아직 공석인가요? 아직 공석이면 어플라이하고 싶어서요.”

이태리에서 기업을 경영할 때에 있었던 일입니다. 그 날, 일을 마치고 약간 늦은 퇴근 길에 동네 식당에 들러 저녁을 먹고 집에서 잠시 쉬다가 늦은 밤 산책을 했습니다. 아마 저녁 10시가 훌쩍 넘은 시간이었던 것으로 기억합니다.

다른 때와 같이 모든 상점들은 문을 닫았고 오직 식당만 영업 중이었죠. 동네 모퉁이를 막 지나는데 어디선가 빵 굽는 향이 솔솔 풍겨져 나오고 있었습니다.

'이 시간에 웬 빵 굽는 냄새가 날까?' 호기심에 돌아보니 구석에 있는 작은 빵집의 불이 켜져 있는 것이 아니겠습니까? 다가서서 안을 들여다보니 어떤 남자 혼자서 열심히 빵을 만들고 맛보는 모습이 보였습니다.

제가 그리 외향적인 사람은 아니지만 그 풍경이 하도 낯설고도 정겨워서 저도 모르게 빵집의 문을 열고 들어섰습니다. 안에 있던 사람도 깜짝 놀라고 덩달아 저도 놀랐죠.

그는 "클로즈드"라며 가게 영업 시간이 종료되었다고 이야기를 했습니다. 저는 간단히 빵 냄새가 너무 좋아서 저도 모르게 들어왔다고 미안하다고 했죠. 그랬더니 그 젊은이가 빙긋이 웃으며 방금 자기가 만든 빵인데, 한번 맛을 보라며 빵 한 조각과 탄산수 한잔을 가져다주었습니다. 뜻하지 않게 늦은 밤 처음 보는 젊은 남자와 중년의 남자가 마주 서서 빵을 먹는 진풍경이 펼쳐졌습니다.

갓 구워진 따끈한 빵의 맛은 몹시 훌륭해서 낮에 다시 구매를 하러 오겠다며 칭찬을 건넸습니다. 그랬더니 자신이 만든 빵은 아직은 살 수 없다고 하더군요. 가게는 부모님이 하시는 곳이고 자기는 물려받기 위해 빵을 배우고 있으며 아직은 자신이 만든 빵을 팔 수는 없다고 했습니다.

이태리 사회의 기성세대가 요즘 젊은이들이 너무 일을 하기 싫어한다고 걱정하는 말을 자주 듣던 터에 그 젊은이 모습을 보니 그렇지 않은 청년도 많구나 하는 생각이 들었습니다. 그리고 그 후로도 그와 같은 청년들을 많이 볼 수 있었습니다.

워라밸은 무엇일까요? 워라밸은 철저히 개인의 선택에 맡겨야 할 삶의 방식일 뿐입니다. 비록 법으로 제정하고 준수하도록 하지만 그것은 남용이나 악용을 방지하려는 장치일 뿐이며, 모든 개인은 나이에 상관없이 자신이 가진 기준에 따라 삶의 방식을 선택해야 합니다. 워라밸은 하나의 해석이나 기준으로 바라보면 안 되는 삶의 방식입니다.

기업에서 더 빠르게 크려는 목표를 가진 이는 그에 맞는 워라밸의 기준을 누가 시켜서가 아니라 본인이 스스로 가질 것이고 개인 생활에서 더 소중한 것을 찾고 만들어 가는 사람은 다른 워라밸의 기준을 선택할 것입니다. 하루에 12시간을 일하는 사람도 존중받아야 하고 6시간을 일하는 사람도 존중받아야 합니다. 그것이 워라밸을 대하는 균형 잡힌 시각일 것입니다.

회장님의 한마디

난 그 긴 세월 동안 일밖에 모르면서 회사 키우는데 내 모든 시간을 썼어.

자네들 하는 말 내가 이해는 하는데 그랬기 때문에 자네들에게 기회가 생겼다는 것도 이해해 줘.

세상에 공짜가 어딨어? 그렇게 만만한 세상이 아니거든. 아직도 그거 모르면 애지, 뭐.

회장님 자서전이
드디어 나왔습니다

응 만드느라
수고했어

神念

가우스
천년 한국의
비밀

내일부터 본사는 물론
각 계열사와 협력 업체까지
쫘악 배포할 예정입니다

아니 그러지 마

요즘 세상에 누가 그렇게
회장 자서전을 뿌리나
그냥 조용히 출간하게
사 볼 사람 사 보라고

그렇게 말씀하시면...
예 알겠습니다

얘기 들었지?

회장님 자서전 출간된 거
다들 알아서들 좀 사봐 응?
강제는 아니고

에휴...

G 인물/자서전

책 읽을 시간도 안 주면서

선배 찾았어요?

아니 못 찾았어

A패션의 창업자인 홍 대표는 직원들 앞에 서서 지난 분기의 사업 결과를 정리해서 발표하는 행사를 매우 중요하게 생각하고 있다. 2021년 4분기 실적이자 연도 전체의 실적을 발표하는 자리에서 지난 분기와 연도의 실적이 목표를 넘어서는 좋은 결과가 나와 홍 대표는 기분이 한껏 고조되었다.

"여러분, 오늘 저는 여러분께 기쁜 소식을 전하려고 합니다. 후우~ 지난 4분기 매출은 목표 대비 120%를 달성했고, 연간으로 보아도 목표 대비 117%라는 놀라운 성과를 거두었습니다. 휴우~ 창사 이래로 저희는 2020년을 제외하고는 꾸준히 목표를 초과 달성하는 쾌거를 거듭 만들어 가고 있습니다. 휴~"

너무나 기쁜 소식을 전하면서도 한 문장이 끝나는 순간마다 홍 대표의 한숨은 마이크를 타고 장내에 울려 퍼졌다. 직원들은 그 상황 속에서 묘한 표정을 짓고 있었다. 그것은 오래된 홍 대표의 습관이었기에 생각만큼 누구도 신경을 쓰고 있지는 않았다.

그 날의 행사는 화기애애한 가운데 진행되었고 목표 달성을 축하하는 의미로 케이크를 절단하고 대표가 특별히 준비한 샴페인을 전 직원이 나누며 담소를 나누는 시간으로 마무리되었다.

며칠 뒤 영업 담당 임원인 오 이사가 주최하는 영업부의 워크숍이 있었다. 오 이사는 작년의 성과를 축하하며 올해도 목표 달성을 다짐하려는 취지를 가지고 워크숍을 주최했다. 영업부 직원 모두에게 감사를 표하고 한 해의 성과에 대해 서로 축하하고 즐기자는 감동적인 연설을 하던 차였다.

"저는 최일선에서 우리 회사의 성장에 가장 크게 기여하신 여러분의 수고에 무한한 감사를 표하고자 합니다. 휴우~ 여러분이 없었다면 오늘의 우리는 없었을 것입니다. 여러분 한 분 한 분이 모두 주인공이십니다. 후우~ 하지만, 돌아보면 우리의 성과는 피와 눈물과 땀의 결과입니다. 여러분이 일선에서 누가 알아주든 말든 회사의 발전을 위해 밤낮을 가리지 않고 애쓴 것을 저는 잘 알고 있습니다. 휴우~"

그런데 그 말을 듣고 있던 많은 영업부 직원들 사이에 간간이 흐느끼는 소리가 작게 흘러나오고 있었다. 그리고 그 흐느낌은 모두의 마음을 적셨다.

다음날부터 워크숍 내내 영업부 직원들은 서로 회의를 할 때나 대화를 나눌 때 문장 뒤에 습관처럼 "휴우~"라며 하는 한숨을 섞어 말하기 시작했다. "휴우~", "후우~", "후~" 와 같은 한숨은 그들이 얼마나 고생하고 있는지를 상징하는 표시처럼 느껴졌다.

얼마 후 홍 대표가 인사 팀장을 호출했다.

"이 부장, 요즘 직원들 중 호흡기에 문제가 있는 사람이 보이더군. 나도 호흡기 문제로 어려서부터 자주 앓았기에 그 고충을 잘 아는데, 호흡기에 도움이 되는 도라지청을 난 꾸준히 먹고 있는데 전 직원들에게 하나씩 주도록 해."

하지만, 많은 직원들은 도라지청을 먹고도 계속 한숨을 쉬는 증상이 나아지지 않았다고 한다.

무조건적인 추종이 위험한 이유

보스가 좋아할 것인지 싫어할 것인지에 대해 끊임없이 걱정하는 것만큼 조직을 빨리 퇴보시키는 것은 없다고 세계적 자동차 기업인 도요타의 창업주인 도요타 기이치로 씨는 말했습니다.

리더나 상사를 존경하고 따르는 것은 너무나 아름다운 모습입니다. 하지만, 목적을 가지고 그에게 과하게 충성을 하는 것은 기업 내부의 문화면에서도 바람직하지 않을 뿐 아니라 그런 행동을 하는 당사자에게도 좋지 않은 결과를 가져옵니다.

우리는 세상을 살아가면서 '나의 관점'을 찾아야 합니다. 나의 관점과 주관이 약한 사람일수록 무조건적인 모방을 일삼게 됩니다.

그렇다면 상사를 모방하는 행동은 왜 나타나는 것일까요? 존경의 마음으로 좋은 것을 배우려는 선한 동기에서 그런 경우라면 다행이지만, 그다지 장점이 없는 습관조차도 모방하려는 의도는 다분히 잘 보이고 싶은 욕망과 욕심 때문입니다. 나의 관점이 없는 맹목적인 복종이나 추종은 부하를 망치고, 리더를 망가뜨립니다. 이는 결국 기업도 망가지게 되는 길입니다. 생각없이 반복하는 추종에서 권위주의는 더 고착화됩니다.

작가인 킨토니가 쓴 《기업의 잡초》라는 책을 보면 "기업 관료주의는 민들레와 비슷하다. 민들레는 아무데서나 자라기 쉬우며 뿌리째 뽑지 않으면 또 다시 자라게 된다."라는 문장이 있습니다. 근본적인 생각이 부족한 추종이 바로 민들레와 같습니다. 그래서 리더는 조직원들을 생각하고 판단할 줄 아는 자신만의 관점을 가진 인재로 키워야 합니다.

7

파티션

닭장처럼 다닥다닥 파티션으로 막아 놓은 사무실 구조 너무 답답하지 않아요?

조을부(영업부 28세)

해외 기업처럼 개방형 사무실로 만들면 시원시원하고 보기 좋을 거 같은데

그 뉴스 못 봤어? 사무실에서 파티션을 제거했더니 직원들 스트레스 지수가 올라갔대

병가율도 높아지고

정말요?

다들 자료집으로 성벽을 쌓았지

매주 월요일마다 열리는 리더 회의에서 사장이 한 이슈를 제기했다.

"예전엔 카리스마 있는 리더십이 리더의 자질이라 여겨졌지만 이제
는 의사소통 능력이 리더의 제일 덕목이 되었습니다. 조직 내 의사소
통의 수준을 올리기 위한 방안을 함께 찾아보면 좋겠습니다. 기탄없
이 의견을 제시해 주십시오."

대표 앞에서 모든 리더들은 앞다투어 본인이 생각하는 직원들의 의사소통 수준을 높이기 위한 방안을 내놓았다.

"의사소통을 잘하게 하기 위해선 먼저 친해져야 합니다. 동호회 활동을 더욱 권장해야 한다고 생각합니다. 얼마 전 시작한 드라마에서도 사내 동호회 활동을 적극적으로 권장하는 기업의 사례가 큰 인기를 끌지 않았습니까?"

"그것도 좋지만 전 직원들을 참여시키는 워크숍을 자주 가는 것도 좋을 것 같습니다."

"역시 서로 대화를 많이 나누게 하려면 회식을 자주 해야 합니다. 그동안 코로나다 뭐다 해서 만나지도 못했는데 이제 좀 나아지고 있으니 매달 정기적으로 회식을 하면 좋을 것 같습니다."

"제가 책에서 봤는데 의사소통이 원활하도록 하기 위해서는 사무실 안의 파티션을 없애야 한다고 합니다. 그렇게 하면 자연스럽게 서로 얼굴을 볼 수 있고 업무를 하는 중에도 서로 자유롭게 대화를 주고받을 수 있다고 합니다. 실제로 미국 ◇◇ 대학에서 ○○ 기업을 대상으로 진행한 연구 결과에 따르면 파티션 제거 후에 소통의 양이 37% 향상되었다고 합니다. 저희도 파티션을 제거하는 것이 어떨까요?"

대표는 그 말을 듣고서 무릎을 쳤다.

"정말 좋은 생각입니다. 다른 분들은 어떻게 생각하세요?"

이 말을 듣고 누가 질문이라고 생각을 하겠는가? 당연히 그것은 동의를 넘어서 적극적인 지지를 보내라는 신호일 뿐이었다. 그에 맞추어 다른 리더들도 모두 그 아이디어에 대해 칭찬을 늘어 놓았다. 그 후 곧바로 파티션을 없애도록 총무 부서에 지시가 내려졌고 2주일 내에 모든 사무실에서 파티션이 제거되었다.

그리고 어느 날 직원들은 출근해서 파티션이 모두 제거된 대단히 황량하고 말쑥한 자신의 자리를 보게 되었다. 대표의 지시라 누구도 토를 달거나 불만을 이야기하지는 못하지만 마음 속으로부터 일어나는 반발심은 감추기가 어려웠다.

그리고 1년이라는 시간이 흘렀다. 대표는 파티션 제거 후 과연 의사소통의 빈도나 정도가 좋아졌는지 궁금했기에 인사 부서에 전체 직원들의 의견을 무기명으로 받으라는 지시를 하달했다.

그로부터 2주 후 결과가 어떻게 나왔을까? 월요일 리더 모임에서 결과가 발표되었다.

의사소통이 나아졌다는 답변 5%, 잘 모르겠다는 답변 7%, 이전과 동일하다는 대답이 65%, 이전보다 나빠졌다는 대답이 23%였다. 더불어 좋은 점과 나쁜 점을 기술하라는 항목에서 좋은 점에 대한 응답은 거의 나오지 않은 반면, 나쁜 점에 대한 응답은 압도적으로 많이 나왔다.

"직원들은 어떤 점이 맘에 안 든다고 대답했나요?"
"유사한 대답을 묶어서 집계한 결과 약 6가지 정도의 대답이 나왔습니다. 그중 과반수 이상 많이 나온 대답은 2가지입니다.”

“가장 많이 나온 응답 2위를 차지한 대답은 파티션 제거로 인하여 업무 진행에 지장을 받는다는 것이었습니다. 개인 업무 집중도가 떨어진다는 대답과, 벽이 없어서 수시로 참고해야 할 자료들을 부착할 곳이 사라져 너무 불편하다는 의견이 주를 이루었습니다. 그리고 전체 순위 1위는 통화가 잦은 일부 부서들 때문에 발생하는 소음으로 인하여 다른 부서 직원들이 업무 집중도가 현저히 떨어진다는 대답이었습니다.”

“그래요? 일리 있는 부분이 있군요. 다른 소수 의견은 어떤 것이 있었나요?”

“다른 소수 의견으로는 업무 중 잡담하는 사람들의 소리가 너무 많이 들린다는 이야기와 개인적인 일로 통화하는 사람들의 사생활까지 들으며 일하는 것이 짜증난다는 의견도 있었습니다. 그리고 마지막으로 왜 임원들의 방은 없애지 않았는지, 임원들도 방에서 나오게 해야 한다는 의견도 있었습니다. 임원들이 방에서 나오고 그 방에 시끄러운 부서를 넣어 달라는 직원들의 의견이 있었습니다.”

“그것도 상당히 일리가 있네요. 그렇게 하는 것도 나쁘지 않겠습니다. 여러분들의 의견은 어떠세요?”

그 말이 떨어지자 리더 그룹의 대부분 임원들이 처음 이 아이디어를 제안했던 임원을 다같이 곁눈질로 째려보았다.

정보와 경험이 흐르게 하라

직원들 간에 서로 대화를 별로 하지 않는 것을 우려하는 기업이 분명 있을 것입니다. 그때 리더들은 어떻게 하면 직원 간에 대화를 많이 하도록 만들 수 있을지에 대해 고민을 하곤 합니다.

하지만, 여기서 우리가 기억해야 할 것은 의사소통이란 직원들이 서로 친해지는 것만을 의미하는 것은 아니라는 점입니다.

한때 파티션을 소통의 장벽으로 여기고 없애자는 흐름이 유행처럼 번진 적이 있습니다. 하지만 해당 시도가 놓친 중요한 점이 있습니다. 모든 개인에게는 공유와 비공유의 영역이 존재한다는 것입니다. 혼자서만 집중하고 혼자서 누려야 할 작은 여유도 중요한 부분임을 알아야 합니다. 의사소통이란 기업이 더 좋은 성과를 내는 것에 있어 도움이 되는 것일 뿐, 그 자체가 목적은 아닙니다. 다시 말해 아무리 의사소통이 만족스럽게 잘 된다고 해도 지속적으로 기업의 성과가 떨어진다면 자신이 하고 있는 의사소통이 적합한 것인지 다시 평가해야 합니다.

의사소통은 흐름과 공유의 개념을 품고 있습니다. 기업 내에서 자연스럽게 정보와 경험이 흐르고 공유되는 것이 바로 의사소통입니다. 그 흐름과 공유는 환경으로 만들어지는 것이 아닙니다. 의사소통은 오히려 문화와 관계된 것으로 이해하는 것이 더 적절합니다. 다른 구성원을 경쟁자로 여기지 않고 동료이자 파트너로서 인식하며, 서로 협업하는 마음이 좋은 의사소통의 기본입니다. 나만 잘되고 나만 성과를 내면 된다고 생각하는 이기적인 사람들이 많아질수록 기업 내에서 공유의 정신은 약해지고, 의사소통의 벽도 높아질 것은 당연한 일입니다.

때문에 기업 내의 의사소통을 개선하고 싶다면 직원들이 어떤 생각을 하고 있는지, 직원들이 어떤 것을 느끼고 있는지, 회사 안에서 무엇을 보고 왜 그런 것을 느끼는지에 대해 파악해야 합니다. 리더들이 서로를 협업의 대상으로 여기지 않고 상처를 내는 경쟁을 일삼는다면 그 슬하에 있는 직원들의 분위기도 자연스레 그렇게 형성될 가능성이 높을 것입니다.

피터 드러커는 "경영이란 인간에 관한 것이다. 경영의 과제는 사람들이 협력하여 일할 수 있도록 만드는 것이다."라고 이야기했습니다. 협력을 위한 열린 생각과 열린 기업 문화만이 열린 의사소통을 촉진한다는 것을 반드시 기억하길 바랍니다.

회장님의 한마디

직원들에게 뭐라고 할 필요가 없어. 임원들 당신들이 문제야.

방에 콕 틀어 박혀서 직원들 얼굴도 자주 안 보고 그러니 당신들이 직원들에게 무슨

일이 있는지 알 재간이 있냐고~ 직원들 좀 알뜰히 살펴. 내가 뒤에서 지켜볼 거야~

#8

대안

자네가 말했으니
책임지고 대안 마련해 와!

회의 중에 흔히 볼 수 있는
풍경이죠

어떤 사안에 대해
반대를 하거나 지적을 하면
대안을 내라
말한 사람이 책임을 져라 등

상사들의 이런 태도 때문에
생산적인 회의가 이루어지지
못하고 있습니다

저러니 무슨
말을 못하지

맞아

"난 대안 없이 문제만 늘어놓는 사람이 가장 무능하다고 생각해. 그런 사람들의 특징이 뭔지 알아? 바로 하나같이 부정적이라는 거야. 거기다 교만하기까지 해요. 난 니들이 못 보는 문제를 본다, 난 니들보다 똑똑하다. 뭐 이런 생각을 하는 거지. 그런데 막상 네가 발견한 문제를 해결해 보라고 하면 그때부터 바보가 돼요. 사실 입만 살았지, 해결 능력은 눈을 씻고 찾아봐도 없거든. 그러니 전혀 해결을 할 수가 없지.

그래서 난 대안은 없고 문제만 이야기하는 사람이 제일 싫어."

강대안 관리 이사가 직원들과의 회식 시간에 장광설을 늘어 놓았다. 직원들은 연신 고개를 끄덕이며 온몸으로 강 이사의 말에 공감을 표현했다. "역시!", "와~ 그렇군요!"라는 추임새를 종종 넣어주는 것 또한 잊지 않았다. 직원들이 자신의 말에 감동받고 있다는 사실에 강 이사는 흡족한 표정을 지었다.

그때 회사의 경비 담당 직원으로부터 전화가 왔다. 강 이사는 대수롭지 않게 전화를 받았다.

"이 시간에 무슨 일인가?"
"이사님, 큰일 났습니다. 회사에 화재가 났습니다!"

강 이사와 직원들은 택시를 잡아타고 부랴부랴 회사로 복귀했다. 다행히 불은 이미 진화된 상태였다. 주변 건물들의 경비원들이 모두 소화기를 들고 달려와서 함께 화재를 초기에 진화한 덕에 번지지 않고 단시간에 불을 끌 수 있었다. 모두 안도의 한숨을 내쉬고 다같이 현장을 정리하고 청소하는 일을 나누어 하느라 늦은 밤까지 수고를 아끼지 않았다.

다음 날, 사장이 직접 간밤에 경비를 섰던 직원에게 자초지종을 보고받았다.

"제가 사무실을 둘러보고 있는데 사무실 한 켠 책상 위에 무엇인가 불이 붙은 것처럼 타는 게 보이기에 얼른 주위에 있는 소화기를 들고 뛰어갔죠. 근데 작동을 안 하는 겁니다. 그래서 다른 소화기를 들고 다시 갔는데 그것도 작동을 안 해서 얼른 옆 건물 경비들에게 구조 전화를 하니 모두 달려와 불을 꺼주었습니다. 다행히 다른 사무실로 옮겨 붙기 전에 진화를 해서 피해를 최소한으로 막을 수 있었습니다."

최초 발화점에서 발견된 것은 새카맣게 탄 노트북이었다. 아래는 노트북 주인의 대답이다.

"한달 전부터 자꾸 비정상적으로 노트북이 뜨거워져서 제가 교체를 요청 드렸습니다. 하지만, 전산 담당이 해 주지 않았습니다."

전산 담당의 말이다.

"교체 요청이 접수되어 노트북 상태를 점검하고 문제가 있어서 강대안 이사님께 보고서를 올렸는데 그냥 쉽게 교체를 요청하기 전에 다른 대안부터 찾아보라고 반려하셨습니다. 그래서 제조사에 배터리 교체를 문의하니 오래된 모델이라 교체는 불가하다고 하여 제가 중고 시장에서 유통되는 동일 모델을 찾는 중이었습니다."

소화기 고장에 대한 총무 담당의 말이다.

"소화기 유효 기간이 되기 2주 전에 소화기 교체 품의를 올렸다가 강대안 이사님께서 시중의 다른 모델들과 폭넓게 비교해서 알아보라고 반려하셨기에 10개 종류의 소화기를 대상으로 비교해서 조사를 하고 다시 품의를 올렸습니다. 그러자 가격 네고를 다시 하라는 지시가 있어 그것을 하느라 유효 기간이 한 달이나 더 초과되었습니다. 그런데 아직 기종 선정을 최종적으로 하지도 못한 상태입니다."

사장은 보고를 다 들은 후에 인사 과장을 불러 강대안 이사를 대기 발령한다는 결정 사항을 전달했다. 사유는 '사안의 시급성이 높음에도 불구하고 대안을 찾느라 회사에 심각한 위험을 초래했다'는 것이었다.

대안을 강요할 때 문제는 숨는다

대안이 없는 문제 제기에 대해 비난하는 태도를 갖는 리더가 생각보다 많습니다. 문제와 더불어 해결 방안까지 함께 제안하라는 요구는 합리적으로 보이며 매우 현명한 인재 육성의 방법처럼 보이기도 합니다. 이 글을 보고 있는 당신도 이미 그런 경험을 했거나 현재도 하고 있을지도 모르겠네요.

그러나 정말 대안 없이 문제를 파악하는 것은 부정적인 부분만 있는 것일까요?

위에 제시된 사례는 약간 극단적이지만 등장하는 상황이 현실과 그렇게 동떨어져 있지는 않습니다. 문제를 이야기하면 대안부터 제시하라는 리더들이 오히려 위험을 가중시키는 경우도 제법 있지요. 대안이 없는 사람을 부정적으로 바라보기 이전에 우리는 먼저 문제에 대해 정확히 인식하는 사람들의 태도를 잘 살펴봐야 합니다.

대안이 없는 것에 대해 발끈하는 태도 속에서 보여지는 것은 오히려 문제에 대해 불편해하는 마음입니다. 문제를 말하는 순간 불편함을 느끼다 못해 거부감부터 표시하는 리더는 왜 그러는 걸까요? 리더로 살아보면 사방에서 문제가 발생하는 것을 경험합니다. 때문에 문제에 대해 때로는 두려움을, 때로는 피곤함을 느낍니다. 그렇기에 문제를 이야기하는 사람을 보면 자신을 지적하는 하는 것으로 보일 수 있습니다.

그런데 잘 생각해 보면 문제를 드러내지 않는 것보다 위험한 일은 세상에 없습니다. 대안을 제시하기 위해서는 문제를 명확하게 인식하는 것이 우선되어야 합니다.

문제는 문제대로 인식하고, 대안은 함께 찾아야 합니다. 문제를 발견한 사람이 해결까지 책임을 져야 한다는 논리는 억지스러운 것입니다. 문제를 발견했다면 그 경중과 시급함에 따라서 해결책을 찾아가면 됩니다. 그 중심에 리더가 자리해야 하는 것은 당연하고요.

문제를 발견한 사람에게 대안을 강요하는 것은 왜 쓸데없이 문제를 일으키냐는 비난으로 흐를 가능성이 높습니다. 이는 문제를 못 본 척 하거나 침묵하는 것에 일조하는 분위기를 형성하기도 합니다. 문제는 일단 오픈된 공간으로 들고 나와야 합니다. 당신이 속한 기업이 문제를 감추기보다는 누구라도 공론화해서 해결을 위해 다 같이 협력하는 모습이 있다면 해당 조직은 아주 건강하다는 증거입니다.

이노 디자인 김영세 대표는 "기업에서의 침묵은 금Gold이 아니라 싸늘함 Cold이다."라고 했습니다. 누구라도 언제든 문제라고 생각되는 것을 드러내는 문화가 많은 기업에서 더 넓게 퍼지길 바라는 마음입니다.

회장님의 한마디

문제가 있으면 해결책도 있는 거야. 그게 자연의 순리야.

━━━

그러니 문제를 파악했으면 반은 이미 풀린 거야. 진짜 문제가 뭔지 알아?

━━━

문제가 무엇인지조차 모르면서도 태평한 거. 그게 진짜 문제야.

9

리
더

여러분은 어떤
리더가 되고 싶으십니까?

세상에는 여러 가지 리더의
유형이 있죠

지배자형 리더, 분석자형 리더, 추진자형 리더
아빠형 리더, 엄마형 리더 등등
무수히 많은 리더 유형이 있습니다

"사장님, 정말 열정과 체력이 대단하십니다."

"사장님 연배에 사장님처럼 그렇게 뛰시는 분은 정말 드물다고 생각합니다."

"사장님께서 저희 팀에 계셔서 올해는 저희가 우승할 것 같습니다."

매년 5월에 열리는 전 직원 체육 대회에서 올해도 예외 없이 송 사장은 오십 대 중반이라는 나이를 잊고 모든 경기에 참여하며 혼신의 힘으로 뛰었다.

"리더는 모름지기 모든 일에서 솔선수범해야 진짜 리더라고 할 수 있지. 자기 하고 싶은 일이 아니면 이리 빼고 저리 빼는 건 진정한 리더라고 볼 수 없지."

　평소에도 임원 미팅에서 항상 강조하는 송 사장의 리더로서의 철학은 바로 솔선수범의 태도였다.
　그렇기에 송 사장을 포함한 모든 임원들은 작지 않은 나이에도 거의 대부분의 경기에 참여해서 선수로 최선을 다해 뛰어야만 했다. 그중에서도 단연 열심히 참여하는 이는 다름 아닌 송 사장이었다.
　경기가 시작하기 전 몸을 푸는 체조 시간에도 송 사장이 중앙 맨 앞에 서서 열심히 몸을 풀었고 오전에 진행된 4개의 경기 모두에 참여했다. 점심 식사도 임원끼리 따로 먹는 것이 아니라 같은 조끼리 하면서 송 사장은 직원 모두에게 작전을 지시했다.
　오후에 시작된 첫 경기는 송 사장이 특히 좋아하던 족구였다.

"내가 또 한 축구 하잖아. 공을 다루는 솜씨는 아마추어치고는 꽤 수준이 높은 편이라고 하더라고. 하하!"

　송 사장의 자화자찬을 들으며 직원 모두 큰 소리로 동의의 웃음을 지었다.

  하지만 송 사장의 기대와는 달리 경기는 팽팽하게 진행되었고, 마지막 세트인 세 번째 세트에는 1:1의 스코어를 기록하고 있었다. 손에 땀을 쥐게 만드는 경기는 급기야 듀스 상태가 되어 두 팀 중 먼저 2점을 내는 팀이 이기는 막판 승부를 벌이고 있었다. 아슬아슬하게 상대 팀이 한 점을 앞서 나가고 마지막 매치 포인트를 앞둔 상황에서 상대 팀의 공격이 성공을 거두면서 경기는 그대로 끝이 나는 듯 보였다.

"아냐, 아냐, 심판~ 이거 경기를 이렇게 보면 어떻게 해? 조금 전 공격 시에 투 터치 Two touch 했잖아. 내가 분명히 봤다구!"

  송 사장의 강력한 어필에 심판도 상대 팀도 당황했다. 송 사장은 자기가 본대로 직접 상대 진영으로 넘어가서 공을 들고 몸소 재현을 해 보였다.

  심판도 상대 주장도 표정은 동의하지 않고 있지만 마지못해 송 사장의 어필을 받아들였고 경기는 송 사장 팀이 점수를 딴 결과로 바뀌어 다시 듀스가 되었다. 그 후 뒷심을 발휘한 송 사장 팀이 가까스로 승리를 거두면서 경기는 종료되었다.

"우리 뭐하러 경기를 하는거야? 어차피 사장님 팀이 우승해야 하는 거잖아. 작년에도 그랬고. 그냥 대충 하는 흉내만 내는 게 낫지, 죽어라 뛸 필요가 전혀 없어."

직원들이 서로 수근거리며 주고받는 대화가 송 사장에게 들릴 리가 없었다. 송 사장 팀은 예상대로 압도적인 성적으로 우승을 했고 우승 팀에게 주어진 5백만 원의 상금을 거머쥐었다. 송 사장은 올해도 자신은 상금을 일체 갖지 않고 모두 직원들에게 양보했다. 직원들은 사장님 만세를 외치며 기뻐했다. 직원들과 함께 뒷풀이 장소로 이동하면서 송 사장은 너무나 큰 뿌듯함을 느꼈다.

"오늘도 난 리더로서 내 몸을 아끼지 않고 최선을 다해서 뛰었다."

송 사장은 자신의 신념대로 오늘도 무사히 솔선수범하는 삶을 살아내고 있었다.

솔선수범의 참 의미

리더가 솔선수범해야 한다는 것에 이의를 제기하는 사람은 아마도 없을 것입니다. 아니, 굳이 리더로 국한할 필요없이 사람은 누구나 스스로 솔선수범 하는 태도로 사는 것이 얼마나 보기에 좋을까요? 그런 모습을 보이는 본인도 자신을 뿌듯하게 생각할 것입니다.

다만, 솔선수범이 무엇인지에 대해서 조금 더 깊이 생각해 보아야 합니다.

리더의 솔선수범은 자기만족을 얻기 위해서 하는 것이 아니라는 것을 명심해야 합니다. 구성원들이 다같이 기업이 가야 할 방향으로 움직이도록 하기 위한 촉매제로서의 역할을 하는 것이 리더의 진정한 솔선수범입니다.

사례에 등장시킨 송 사장은 자신이 주인공이 되는 것을 솔선수범이라고 착각하고 있습니다. 그를 통해 스스로 얻는 만족감은 있을지 몰라도 구성원들은 모두 들러리의 위치에 머물고 있다는 것을 알아야 합니다.

리더는 스스로 주인공이 되어 자신을 빛나도록 하는 존재가 아닙니다. 리더의 진짜 역할은 구성원 중에서 원석을 발굴하고 세공하여 빛나는 보석이 되도록 만드는 것입니다. 그런 점에서 리더의 솔선수범은 구성원 육성의 방법으로 이해하는 것이 바람직합니다. 스스로 더 찬란하게 빛나고자 하는 자기 치장은 솔선수범이 아닙니다.

당신이 만약 솔선수범을 하는데 성장하는 구성원이 없다면 스스로를 돌아보아야 합니다. 사람은 너무나 똑똑해서 자신의 리더가 보이는 행동, 즉 솔선수범이 리더 본인의 만족감이나 우월감의 충족을 위해서 하는 것인지, 아니면 구성원의 성장을 진심으로 바라고 하는 것인지 정확히 파악하고 꿰뚫습니다.

《Start with why》라는 책을 저술한 사이먼 사이넥Simon Sinek은 이렇게 말했습니다.

"리더의 역할은 다른 사람들을 위해 일을 하는 것이 아니라 다른 사람들이 스스로 할 수 있는 방법을 알아내어 일을 완수함으로 그들이 가능하다고 생각한 것 이상으로 성공하도록 돕는 것입니다."

리더는 기업의 지속적인 발전을 위해 사람을 키우는 사람이며, 그 목적하에 하는 것이 솔선수범임을 꼭 기억하기 바랍니다.

 **회장님의 한마디**

내가 모범을 보이라고 했지, 언제 자네들에게 직접 다 하라고 했어?

윗대가리들이 이것저것 죄다 참견하면 밑에 직원들은 뭐하고 돈 받어?

그거 직원들 밥그릇 뺏는 짓이야. 그냥 그 친구들에게 믿고 맡기라고~

10

치킨 게임

명수야 건너편에 카페 생긴 거 봤어?

응 알아

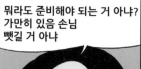

뭐라도 준비해야 되는 거 아냐? 가만히 있음 손님 뺏길 거 아냐

응 그래서 나도 일단 모든 메뉴 500원씩 가격 낮추려고 생각중이야

공격적으로 가야지

비즈니스 리더들을 돕는 전문 코치인 유명세 코치에게 한 CEO가 찾아왔다.

"유 코치님의 고견을 듣고 싶어서 왔습니다."

"그러시군요. 저와 어떤 이야기를 나누고 싶으신가요?"

"이번에 한 사람을 임원으로 승진시키려고 하는데 제가 맞는 선택을 했는지 의견을 여쭙고 싶습니다."

"그렇군요. 조금 더 말씀해 주시겠어요?"

"승진 후보가 두 명이 있습니다. 한 사람은 영업 1부의 책임자인 부장이고 다른 한 명은 마케팅 팀장이자 부장인 사람입니다."

"대표님은 그 두 분에 대해서 어떻게 생각하시나요?"

"영업 부장은 능력이 뛰어나면서 성실한 사람입니다. 일을 열정적으로 하면서 성실함까지 갖춰서 고객들도 좋아하는 사람입니다. 반면 마케팅 팀장은 머리가 좋지만 상대적으로 열심은 덜한 사람이죠."

"대표님, 솔직한 심정으로 누가 더 마음에 드십니까?"

"영업 부장이 더 마음에 들죠. 워낙 열심히 물불 안 가리고 밤낮없이 일을 하니까요."

"그런데 어떤 점이 마음에 걸리시나요?"

"영업 1부 실적의 거의 70%를 부장 한 사람이 만들고 있는 것이 마음에 걸립니다. 반면 마케팅 팀장은 영업 부장보다는 일도 덜하지만 희한하게 팀의 성과는 나쁘지 않습니다. 아니, 오히려 꽤 좋은 편입니다."

"개인의 능력이 뛰어난 사람을 선택하느냐, 팀을 잘 이끄는 사람을 선택하느냐 그 문제로 들리네요."

"맞습니다. 정확합니다."

"대표님의 마음은 누구에게 몇 퍼센트로 기울어져 있나요?"

"영업 부장에게 60% 기울어져 있습니다."

"영업 부장이 임원이 된다면 그가 맡은 조직에 어떤 일이 벌어질 거라고 생각하십니까?"

"글쎄요. 성과를 잘 내기 위해 더 열심히 일을 하겠죠. 하지만, 이전처럼 본인이 대부분의 성과를 낼 겁니다. 안 그래도 워커홀릭인데 더 심화될 가능성이 있을 것 같습니다."

"그런 리더 아래에서 직원들은 어떤 영향을 받을까요?"

"일을 미친듯이 열심히 하지 않는 사람은 못 버틸 것 같습니다. 사실 지금도 그 부서원들이 퇴사율이 높은 편이거든요."

"마케팅 팀장은 어떤가요?"

"그는 일을 대충 하는 것처럼 보이는데 그 팀이 만드는 결과물은 항상 괜찮습니다. 대외적으로 인지도 있는 기획들을 종종 만들기도 하거든요."

"어떻게 그런 결과를 만드는 것일까요?"

"저도 그게 궁금한데, 아마도 팀원 중에 똑똑한 친구들이 좀 있는 것 같고 그 친구들 덕을 보는 것 같습니다."

"그 팀이 처음부터 그랬나요?"

"아뇨. 그렇지는 않습니다. 팀장을 역임한 지 5년 정도 지났는데, 처음 일 년은 좀 어려웠죠. 하지만 그 후 4년은 꾸준히 실적을 내왔습니다."

"그럼 마케팅 팀장이 임원이 된다면 그가 맡은 조직은 어떨까요?"

"팀으로서 좋은 성과를 낼 수 있을 것 같습니다."

"대표님께서는 임원에게 어떤 역할을 기대하시나요?"

"회사를 장기적으로 성장시키도록 사업과 사람을 키우는 역할을 기대합니다."

"지금도 영업 부장에게 60% 마음이 기울어져 있나요?"

대표는 말이 없었다. 곰곰이 생각에 잠겼다.
유 코치는 말없이 커피를 음미하듯 향을 맡으며 맛을 보았다.

경쟁 대신 자신에게 집중하라

'치킨 게임chicken game'은 두 사람이 충돌을 불사하고 서로를 향해 차를 몰며 돌진하는 1950년대 미국 젊은이들의 게임에서 유래했습니다. 당대 젊음의 아이콘으로 추앙받았던 배우 제임스 딘James Dean 주연의 1955년 영화인 《이유 없는 반항Rebel without a Cause》에서도 젊은이들 간에 유행한 이 게임을 묘사하고 있습니다.

치킨 게임이 무서운 이유는 폭넓게 장기적 관점에서 본다면 모두에게 이롭지 않은 결과가 나올 테지만, 그럼에도 불구하고 더욱 격한 경쟁으로 모두를 몰고간다는 점 때문입니다. 조직 안에서도 그런 일이 벌어지고는 합니다. 그것은 일종의 함정과도 같습니다. 잘났든 못났든, 유능하든 무능하든 누구나 치킨 게임의 함정에 빠질 수 있습니다.

어떤 리더가 조직의 성장을 위해 개인들 간의 지나친 경쟁을 의도적으로 유도할 뿐 아니라 심화시키고 방치할 때 직원들은 치킨 게임에 빠집니다. 정확한 목적도, 목표도 모르는 채로 자신을 돋보이게 하기 위해 스스로를 갈아 넣는 현상이 발생하는 것이지요.

그럴 경우 단기적으로는 기업이 성장하는 것처럼 보일지 모르지만, 장기적으로는 조직이 점차 약화됩니다.

그때 치킨 게임을 유도한 사람은 어떻게 다음 수순을 가져갈까요? 바로 새롭게 치킨 게임을 시작할 사람으로 멤버를 교체해서 게임을 다시 시작합니다. 그렇게 끝없이 반복되는 치킨 게임을 하는 것이죠.

그렇다면 치킨 게임에서 벗어날 수 있는 방법은 무엇일까요?

바로 경쟁에 집중하며 사는 것이 아니라 나 자신에게 집중하는 삶을 사는 것입니다. 내가 좋아하는 것, 내가 원하는 것, 내가 하고 싶은 것, 내가 잘하는 것 등 나에게 집중하고 나를 존중하며 사는 것이 치킨 게임과 반대되는 삶입니다. 그런 삶을 사는 사람들은 진정으로 타인을 존중하기 때문에 당신을 치킨 게임으로 몰아넣지 않습니다.

회장님의 한마디

그렇게 치킨 게임이 하고 싶으면 자기들만 하던가.

아니면 아예 신사업으로 치킨 프렌차이즈를 해~ 내가 자본을 대줄 테니 말야.

이사님 가보스 프로젝트 실행 기획안입니다

음...

다시 해 와

네...

그거 봐요 최 이사님한테 올라간 기획안 한 번에 통과 못 된다니까요

예상은 했지만 역시나네요

한 두 번 당해 봐?

"사장님께서 내년 경영 계획 작성은 어떻게 진행할지에 대한 아이디어를 가져오라고 하십니다."

비서실에서 말하기를 작년에는 각 사업부마다 자율적으로 경영 계획을 진행했다고 한다. 그러나 대부분의 사업부들이 마감 일정을 지키지 못했고 과도한 토론과 합의 과정을 거치면서 조직 전체적으로 피로도가 매우 높아진 전례가 있었다.

때문에 올해는 전년도의 사례를 고려하여 전체의 의견을 반영하면서도 빠르고 원활하게 경영 계획이 진행될 수 있는 방안을 찾아보라고 지시가 내려왔다.

그에 따라 전략 기획실은 즉각 내부 회의에 돌입했고 며칠에 걸쳐 자료를 조사하며 다른 기업들의 사례에 대해 파악했다. 그 결과 사업부 내에서 2회에 걸쳐 워크숍을 진행하여 경영 계획에 대한 초안을 작성한 후, 외부의 장소에서 전체 사업부가 참여하여 끝장 워크숍을 진행하며 최종안을 작성하기로 하였다.

또한 이 모든 절차는 한 달 안에 마무리된다는 구체적인 기한까지 정해졌다.

"본부장님, 전략 기획실에서 내년 경영 계획 수립에 대한 지침이 내려왔습니다."

자세한 내용을 다 보고 받은 본부장이 빙긋이 웃으며 말했다.

"한 달 안에? 하하하. 자네는 그걸 믿나?"

보고를 한 김 과장도 멋쩍게 웃어 보였다.

"아니, 우리 회사가 두 달 안이라도 경영 계획 수립을 완성했던 적이 있었나? 근데 그걸 한 달 안에 다 하겠다? 하하하. 그게 그렇게 쉽게 될까?"

"사장님이 그렇게 쉽게 결정하고 수용해 주시는 분이 아니잖아. 전략 기획실에서 아무리 기를 써도 그거 잘 안 될거야. 그리고 우리가 아무리 노력해서 준비해 가도 결국 재고 또 재다가 막판에 받아주실 텐데. 미리부터 기운을 뺄 필요가 없다구. 천천히 힘을 아끼면서 장거리로 천천히 뛰면 된다고. 두고 봐, 내 말이 맞나 틀리나."

경영 계획 일정이 시작되고 두 차례의 사업부별 워크숍을 진행한 후 그 결과를 가지고 본부장과 주요 스태프들이 전사 워크숍에 참석했다. 2박 3일 동안 끝장 워크숍이 진행되었다. 준비가 되는 사업부부터 무작위로 사장에게 보고하고, 승인을 얻는 사업부는 바로 나갈 수 있는 방식으로 진행되었다.

6개의 사업부 중 첫째 날에 1개, 둘째 날에 2개의 사업부가 보고를 진행했다. 그중 첫째 날에 보고한 사업부만 승인을 얻어 돌아갔다. 다른 사업부들의 스태프들은 서서히 불만이 쌓이기 시작했다. 속히 보고하고 승인을 얻어 나가길 희망했지만 본부장들은 꿈쩍하지 않고 조용히 시간을 보내고 있었다. 우여곡절 끝에 6개 전체 사업부가 셋째 날 저녁 9시에 승인을 얻어낼 수 있었다. 이제 사장의 승인을 얻은 경영 계획을 가지고 정리만 진행하면 모든 일이 다 끝나리라 기대했지만 그로부터 일주일이 채 지나지도 않아서 사장실에서 다시 연락이 왔다.

"일주일 뒤에 한 번 더 끝장 워크숍을 진행합니다. 지난번보다 수익성을 30% 더 높이는 것을 목표로 합니다. 사업부별 목표 수익율은 내일까지 별도로 알려드릴 예정입니다."

각 사업부들은 다시금 경영 계획을 수정해서 작성할 준비를 했다. 그때 대부분의 본부장들이 이구동성으로 이야기했다.

"한 번 더 이 과정을 진행할 수 있다고 생각하고 천천히 하자고."
경영 계획 수립이 끝나고 나서 평가한 결과, 많은 본부장들의 예상대로 이전 연도보다 단 하루도 당겨지지 않은 채 거의 동일한 일정으로 진행이 됐다고 한다.

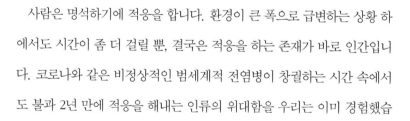

가장 쉬운 것은 나를 변화시키는 것

사람은 명석하기에 적응을 합니다. 환경이 큰 폭으로 급변하는 상황 하에서도 시간이 좀 더 걸릴 뿐, 결국은 적응을 하는 존재가 바로 인간입니다. 코로나와 같은 비정상적인 범세계적 전염병이 창궐하는 시간 속에서도 불과 2년 만에 적응을 해내는 인류의 위대함을 우리는 이미 경험했습니다.

직원들은 리더들의 스타일을 기민하게 파악해 냅니다. 그리고 그에 맞추어 적응하고 그것을 오히려 이용하기도 합니다. 때문에 좋은 리더 밑에 좋은 팔로워가 많은 것은 지극히 당연한 것입니다.

적응을 한다는 이 명제를 팔로워의 입장에서 해석해 볼 때, 리더에 맞추어 적응하고 보니 본인의 성장이 느려지거나 멈추는 경우도 발생할 수 있습니다. 그럴 때 그 팔로워는 위기 속에 있는 것과 다르지 않습니다. 무엇인가 소모적인 일들로 매일이 분주하게 돌아가지만 혼자 있는 시간이 되면 허전함을 느끼겠죠. 본인의 커리어가 본인이 희망하는 바와 다르게 성장할 수 있다는 생각 때문에 답답함을 느끼고 있을지도 모르겠네요. 자신을 포함한 모든 사람이 어떻게든 적응을 한다는 사실을 안다면 어려운 상황에서도 그렇게 심하게 실망하지 않아도 된다는 것도 알게 됩니다. 이렇게 적응이란 유용하면서도 무서운 것입니다.

하지만 정말 중요한 질문은 따로 있습니다. "나는 정말 괜찮은가?" 입니다.

"당신은 정말 괜찮습니까?"

직장 생활을 포함한 모든 사회생활은 나의 행복을 위한 것임을 우리가 잊지 않았으면 합니다. 환경에 맞추어 사람은 적응을 한다고 하지만, 자신은 정말 괜찮지 않을 수 있습니다. 그렇기에 수시로 자신의 내면을 자세히 살펴보아야 합니다. '나는 괜찮은가?', '내가 원하는 상황이고 맥락인가?', '지금 나의 모습은 괜찮은 것일까?'라고 말입니다.

만약 저 질문에 아니라고 대답한다면, 스스로 변화를 시도해야 합니다. 사람들은 세상에서 나 자신을 변화시키는 것이 가장 어렵다고 생각합니다. 하지만 세상에서 가장 쉬운 것이 나 자신을 변화시키는 것입니다. 타인을 변화시키는 것은 아주 어려우며, 까다로운 일입니다.

혹시 행동하지 않고 생각만 하고 있는 것이 있다면 생각을 멈추고 바로 실행하는 것을 습관화하시길 권합니다. 생각한 것을 즉각 실행하는 것이 쌓여갈수록 그 결과로 더욱 큰 변화가 나타납니다. 직장 생활이 만족스럽지 않을 때 무언가 실행을 통한 나 자신의 변화를 만들어 간다면 당신의 마음에도 만족이 스며들 것입니다.

아서 애쉬는 말했습니다. "위대함을 성취하기 위해서는 지금 서 있는 자리에서 시작하고, 지금 가지고 있는 것만 가지고 시작하고, 지금 할 수 있는 것부터 시작하라."

회장님의 한마디

여기가 군대야? 삽 하나 던져 주고 여기 파라~ 저기 파라~

그런 똥개 훈련은 왜 시키는 거야? 하나를 시켜도 의미 있는 일을 시켜!

그래야 직원들이 성장하고 사업을 키울 거 아니겠어?

설마 자네, 직원들이 자네 자리 뺏을까봐 그러는 거야?

재택근무

저 왔습니다

왔어

오셨어요

아휴 이놈의 출퇴근만 없으면 회사 생활도 할만할 텐데

하루에 세시 간씩 이게 뭐야...

출퇴근 안 하고 어떻게 회사 생활 해?

왜요?

어렸을 때 소년지 보면 21세기엔 정보 통신 발달로 출퇴근 안 하고 집에서 재택근무한다고 했잖아요 지금이 21세기고

이제 우리 회사도 많이 성장을 했습니다. 그동안 애써 준 여러분에게 감사한 마음을 어떻게 표현하면 좋을지 다각도로 생각하다가 여러분에게 더 나은 복지를 제공하는 것이 좋겠다는 결론에 이르렀습니다. 인사 부서에서 다양한 사례들을 참고해서 여러분에게 새롭게 드릴 복지 프로그램 계획을 준비할 것입니다. 그간 여러분이 기울여 준 노고에 다시 한번 깊은 감사의 뜻을 전합니다.

창업자이자 대표 이사의 메시지에 직원들은 모두 감동의 눈물을 흘렸다. '그동안의 말할 수 없는 고통을 그래도 대표님이 알고 있구나!' 하는 생각이 들자 감동을 느낀 것이다.

그로부터 두 달간 인사 부서에서 복지 프로그램을 디자인하는 작업을 진행했다. 그렇게 조용하게 시간이 지난 어느 날 직원들을 대상으로 설명회를 진행한다는 인사 부서의 공지가 붙었다.

인사 부서가 주최한 뉴 복지 프로그램 설명회는 장사진을 이루었다.

대표 이사도 참석한 자리에서 인사 과장은 새롭게 디자인한 뉴 복지 프로그램의 상세한 내용을 발표했다.

일인당 평균 5백만 원의 복지 예산을 배정했고, 그 금액은 직원들의 기대를 어느 정도 채웠다. 하지만 세목별 금액을 발표하는 순간 장내는 일순 찬물을 끼얹은 듯이 조용해졌다.

2백만 원은 교육&도서비로 용도를 제한함
1백만 원은 건강 증진비로 용도를 제한함
2백만 원은 여행&문화비로 용도를 제한함

그렇다면 회사에서 지정해 준 용도로만 사용해야 한다는 의미일까? 발표가 끝나고 나자 여기저기서 질문이 쏟아졌다.

"용도 이외에는 사용할 수 없다는 것인가요?"
"그렇습니다."

"왜 용도를 제한했는지 이유를 문의하고 싶습니다."

"회사는 여러분이 더 성장하여 회사의 기둥이 되길 바라는 마음으로 여러분에게 성장에 필요한 기회를 주는 것이 복지라고 생각했습니다. 이 예산을 활용해서 여러분이 스스로를 더 능력 있는 인재가 되도록 갈고 닦아주길 바라는 대표님의 마음으로 생각해 주십시오."

'그래, 없는 것보다야 있는 게 낫지.', '그래도 우릴 생각해 주는 게 고마운 거지.' 이런 생각을 하면서도 직원들의 표정은 묘하게 일그러졌다.

그 다음날 인사 부서에 다음과 같은 지시 사항이 전달되었다.

개인별 복지 비용의 증액으로 자기 개발 용도의 비용이 증가했으므로 교육 훈련비 예산을 축소하는 계획을 세우고 실행하길 바람.

상대를 위한 것이라면 상대에게 물어라

기업의 오너나 경영자들은 직원들을 성장시켜야 한다는 사명을 어느 정도는 가지고 있습니다. 그렇기에 직원들의 복지를 위한 비용도 가급적 직원들을 성장시키는 방향으로 사용하려는 마음을 갖는 경우를 자주 봅니다.

여기서 생각해 보아야 할 것은 '복지 비용'이라는 것의 목적이 무엇인가에 대한 것입니다. 복지의 중심에는 직원이 있어야 합니다. 즉 돈을 쓰는 주체는 기업이지만, 수혜의 주체는 직원이라는 의미입니다. 정작 복지라는 이름을 단 비용의 용도가 직원들이 중심이 되지 않고 경영자의 의중만을 반영한 성격으로 탈바꿈되는 경우는 과연 없을까요?

복지는 직원이 원하는 바에 그 뿌리를 두어야 합니다. 우리가 아이들 선물을 살 때도 받는 아이들이 원하는 것을 주려고 원하는 것을 묻듯이 복지 비용 또한 직원들이 원하는 방향으로 사용되어야 합니다. 더불어 모든 사람의 취향이 다 다르기에 다양한 취향을 최대한 수용할 수 있는 방식을 우선적으로 고려하는 것이 더 합리적입니다. 또한 이런 취지에서 용도를 정하기보다는 금지되는 용도를 제외한 모든 용도를 허용해 주는 방식으로 개인의 자유를 최대한 존중해 주는 방식이 더 효율적입니다.

비용은 그 목적대로 사용하는 것이 바람직합니다. 기왕 쓰는 것, 이런 목적과 저런 목적과 그런 목적까지 다 만족시키도록 사용하고 싶은 마음은 욕심입니다.

직원의 행복을 높여주고자 사용하는 비용이라면 그들에게 선택권을 주는 것이 어떨까요?

회장님의 한마디

자네들 자식들에게 뭐 하나 선물을 해도 "너 원하는 게 뭐냐?"라고 물어보고 하지?

직원들에게 진짜 필요한 게 뭔지 알려면 물어야지. 자네들이 다 아는 것처럼 행동하지 마.

내가 다 알아서 해줄게, 넌 그냥 받아~ 그런 생각이 바로 꼰대야.

응?

이봐 상식씨?

네?

자네 지금 수염 기르는 건가?

아.. 아뇨 요새 바빠서 며칠 못 깎았더니...

지저분하게 그게 뭐야
일회용 면도기라도 사서
당장 깎고 와!!

말도 안 돼

남이사 수염을 기르건 말건
회사에서 그걸 왜 상관
하냐구요

상식 씨
수염 기르려고?

제 얼굴이 좀
밋밋한 거 같아서
수염을 기르면 어떨까
며칠 길러 봤거든요

나 5년 동안 회사 다니면서
수염 기른 사람 한 명도
못 봤어

지난 2년간 신입 사원 채용뿐만 아니라 대리급 이하인 3년 이하 경력 직원의 채용에서도 C그룹에 입사 지원을 하는 지원자가 급감한 상황이다. 이는 C그룹은 젊은 세대에게 더 이상 매력적인 직장으로 인식되고 있지 못함을 의미한다.

한때 C그룹은 대학생이 취업하고 싶은 선호도 1위에 빛나는 기업이었다. 서 회장은 그때를 생각하면서 지금의 상황에 대해 마음 속으로 불만을 품고 있었다.

"아니, 왜 이런 문제 하나 해결을 못하나?"

인사 담당 임원은 점점 떨어지는 지원자 규모에 대해 회장에게 더 이상의 이유나 변명은 통하지 않는다는 것을 통감했다. 하지만 그도 그동안 아무것도 안 한 것은 아니었다. 오히려 다양한 시도를 하느라 시간과 예산을 투입했지만 그다지 변화가 없었고 그때마다 피드백 평가를 했지만 그조차도 변화를 만들기에는 역부족이었다.

"자네, 이번에도 결과를 만들지 못한다면 더 이상 기회를 줄 수가 없어. 이번이 마지막 기회라고 생각하고 해결책을 가져오게."

인사 부서 전체 직원이 소집되어 장시간 대책 회의를 했다. 임원의 다급함이 전달되어 모두 머리를 짜내며 아이디어를 냈다.

"복지 제도를 늘리면 어떨까요?", "대학마다 추천하는 학생수 대로 인센티브를 주면 어떨까요?", "면접 위원인 임원들이 피면접자들을 이해할 수 있도록 MZ세대처럼 머리도 염색하고 옷도 캐주얼하게 입도록 하면 어떨까요?", "임원들을 출연시켜 유투브를 시작하면 어떨까요?", "유명 유투버를 섭외해서 마케팅을 하면 어떨까요?" 등등 수많은 아이디어가 나왔고 그것을 가지고 모두 고민을 하고 있었다.

그때 한 말단 직원이 조심스럽게 말을 꺼냈다.

"학생들에게 왜 지원을 안 하는지 먼저 물어봐야 하지 않을까요?"

그 말을 들은 선배들은 모두 박장대소를 했고 임원도 피식하고 웃음을 흘렸다.

"자네가 아직 어려서 모르나 본데, 생각없이 사는 애들이 뭘 알겠어?"

"그냥 자기 친구들이 우르르 지원하면 따라서 지원하고 아니면 따라서 안 하는 애들인데 물어본다고 해서 뭘 건질 게 있다고 물어봐?"

"걔네는 생각이 짧거나 없다는 걸 잊으면 안 돼."

"만일 그 친구들이 생각이 있다면 저렇게 취업을 앞두고도 게임이나 하고 클럽이나 놀러 다니겠냐고. 온몸에 한 문신은 또 어떻고, 울긋불긋 물들인 머리는 또 어쩔 거야? 입고 다니는 옷을 보면 한숨이 저절로 나오지 않아? 우리 회사에 안 오려고 하는 이유도 사실 뻔하잖아. 힘들게 일 시키는 회사가 싫은 거지. 다른 이유 없어."

"아무튼 걔들을 아무리 좋게 봐주려고 해도 도무지 좋게 볼 수가 없어. 회장님께서 강조하시니까 우리가 기를 써서 방법을 찾겠지만 온다고 해도 난 솔직히 기대가 안 돼."

"그러니 걔들 의견 같은 건 신경 쓰지 말고 우리는 우리 할 일이나 얼른 하자고."

"이 속도로 하면 오늘 날 새도 다 못하니까 다들 서둘러!"

그들의 열띤 토론은 늦은 밤까지 계속되었다.

취향과 방식은 인정하되 원칙과 규범은 따르게 하라

모든 인간은 다 다릅니다. 물론 생각과 가치관, 그리고 외모 측면에서 공통점은 있죠. 하지만 모든 사람은 각자 자기만이 갖는 고유함과 차별성을 가지고 있습니다. 문제는 그것을 못 알아보는 사람들에게 있습니다.

기업이 흔히 직원들보다 상대적으로 강자의 입장에 있음은 누구나 알고 있는 사실입니다. '입장'이라는 것은 계약 관계에서의 입장을 의미합니다. 개인이 아무리 뛰어나도 기업과 계약을 할 때에 우위를 점할 수 있는 사람은 극소수에 불과합니다. 때문에 기업의 관점은 옳고 그름을 떠나 당장 개인에게 부담을 주는 큰 영향을 미칠 수밖에 없습니다.

최근 '라떼는 말이야'라는 상징어로 회자되는 꼰대 문화도 결국 차이를 인정하지 않고 자신의 관점과 생각을 강요하려는 고집스러운 마음에서 비롯된 것입니다. 다를 수밖에 없는 개인에 대해서 어떤 부분은 인정하고 어떤 부분은 인정하지 않아야 할까요?

저는 삶의 취향과 방식은 인정하되, 기업이 정한 원칙과 규범은 따르게 하는 것이 바람직하다고 생각합니다. 예를 들면 외모에 대한 선호도, 회식이나 모임을 참석할지 말지와 같이 선택할 수 있는 사적인 부분은 존중해 주는 태도를 갖는 것이지요. 다만, 거래 관계에 있는 기업이나 사람과의 사적모임을 갖는 것을 금지하거나 고객을 상대할 때 마땅히 갖추어야 할 드레스

코드 같은 공적인 규칙은 지키도록 하는 것이 합리적이라는 것입니다.

개인의 차이와 독특성을 인정해 주고 수용해 주는 기업이 시간이 지날수록 좋은 인재들로부터 환영받을 것입니다. 글로벌 무대에서 우리 기업들이 선전하고 더욱 성장해 가는 현 상황을 고려할 때 개인의 차이를 인정하고 받아주는 기업 문화와 리더들의 열린 사고가 더 보편적으로 확대되었으면 하는 바람을 갖습니다.

회장님의 한마디

외국사는 우리 손주 보니까 하고 다니는 꼴은 이상한데 그래도 실력은 장난 아닌가봐.

전에 내가 그 아이가 와플 다닌다고 말했나? 나중에 우리 회사로 데려와야지.

근데 그 녀석 시퍼렇게 물들인 머리도 자꾸 보다 보니까 나도 해볼까? 하는 맘도 들기는 해.

죽기 전에 그렇게 한번 해보는 것도 나쁘진 않겠어. 하하!

"자네 입사한 지 몇 년 됐어?"

"5년 차입니다."

"아니~ 오 년이나 된 사람이 일하는게 이러면 어떻게 하나? 꼼꼼한 건 좋지만 내가 보기엔 좀 지나쳐. 내가 자네 일 끝내는 거 기다리다가 지쳐서 죽을 지경이라고. 제발 좀 요령껏 하자, 요령껏!"

"죄송합니다."

김 과장은 유 대리를 붙들고 오늘도 윽박과 사정을 번갈아 하는 중이다.

"세 번 볼 거 두 번만 보고, 두 번 볼 거 한 번만 보라구. 자네는 그래도 남보다 정확할 거야. 알았지?"
"알겠습니다."

하지만 김 과장은 돌아서서 유 대리를 보며 속으로 생각했다.
'내 입만 아프지. 저 친구가 바뀔 것 같았으면 진작에 바뀌었겠지. 에휴~ 저 인간을 그냥 확!'
팀장인 김 과장이 유 대리를 대하는 태도는 팀원들에게도 전염되어 대부분의 팀원들이 유 대리를 능력이 부족한 사람처럼 함부로 대하는 경향이 있었다. 오직 유 대리 본인만 그 사실을 아는지 모르는지 묵묵히 자기 할 일만 하고 있다.
어느날 인사 담당 임원이 김 과장을 호출했다. 그리고 다녀온 김 과장은 언짢은 표정으로 돌아와 유 대리를 회의실로 불렀다.

"자네 혹시 윗선에 아는 분 있나?"

무슨 말이냐는듯 두 눈을 멀뚱거리며 유 대리는 고개를 가로저었다.

"아뇨."

고개를 갸웃거리며 김 과장은 유 대리에게 말했다.

"어서 인사 팀장님께 가봐. 새로운 팀으로 자네를 발령내신다고 하더군."

다음 날 인사 팀장 이름으로 전체 직원에게 인사 발령 공지 메일이 발송됐다.

□□월 △△일부로 마케팅 1팀의 유유한 대리를 신사업 기획 1팀으로 발령합니다. 유유한 대리는 지난 5년간 회사의 마케팅 분야에서 이룬 업적을 인정받아 왔으며 신사업 발굴과 육성을 맡아 진행할 적임자라고 판단되어 신사업 기획 1팀으로 발령합니다. 유유한 대리는 금번 부서 이동과 동시에 과장으로 한 단계 특별 승진합니다. 이상입니다.

유 대리의 팀장 발령과 특진은 누구도 상상하지 못했던 일이었다.
김 과장은 질투로 속이 타들어갔다. 그래서 인사 팀장에게 면담을 요청해서 어떤 이유로 유 대리를 승진시켰는지에 대해 질문했다.

"자네가 유 대리, 아니 유 과장을 높이 평가하지 않는 것은 나도 알아. 하지만 사장님은 다른 생각을 가지고 계시더군."
"유 과장의 분석 리포트를 사장님께서 우연히 보셨나봐. 그걸 내게 주시면서 유 과장이 썼는지 확인해 보라고 하셔서 내가 마케팅 1팀 팀원 중 몇몇에게 확인을 해보니 맞다고 하더군. 내용이 상당히 치밀하고 촘촘히 짜여져 있는게 이런 성향의 사람이 우리 신사업의 구조를 짜는데 적합하다고 판단하셨어. 그래서 유 과장에게 특별히 기회를 준 거야.”

“신사업은 속도가 생명인데, 유 과장처럼 속도가 느린 사람이 그 일을 잘 하겠어요?”

“그건 당신 생각이지. 사장님은 신사업이야말로 정확한 방향으로 차근차근 탄탄하게 준비할 수 있는 사람을 찾고 계셔. 어떤 위기와 도전이 와도 흔들리지 않고 꿋꿋하고 우직하게 밀고 나갈 수 있는 사람을 찾는다고.”

김 과장은 여전히 떨떠름한 표정을 짓고 있다.

“왜? 자네가 제대로 알아보지 못한 인재를 사장님께서 알아본 게 그렇게 이상한 일인가?”

관점이 다르면 약점을 강점으로 볼 수도 있다

한 남자가 있었습니다. 국내에 새롭게 시장이 열리는 제품을 해외에서 들여와 시장을 만들어 나름 큰 성공을 일군 사람이었습니다. 그는 사업 성공을 통해 벌어들인 돈으로 본인이 직접 제품을 만들기로 했습니다. 그래서 자신이 라이선스로 들어온 제품의 소유권을 사서 그 제품을 획기적으로 업그레이드하기로 결심합니다. 그 작업에 매달리다 보니 본인이 번 자금을 모두 쏟아붓는 것은 물론이고, 추가로 조달해서 더 투입했습니다. 그런데 물밑에서 아주 조용하게 고객도 시장도 변하고 있었습니다. 그는 그 흐름을 파악하지 못했고 자신의 전부를 투자한 제품은 처참히 실패하고 말았습니다.

이런 극적인 스토리는 비즈니스 세계에서 거의 날마다 일어나는 그렇고 그런 흔한 이야기에 불과합니다.

성공이 성공을 부르면 다행이지만, 성공이 꼭 성공을 부르지는 않습니다. 오히려 성공으로 인해서 실패가 싹트는 경우가 허다합니다. 성공을 거둔 사람이 쉽게 빠지는 함정이 바로 이것입니다. 자신의 성공을 너무 과신하기 때문입니다. 어떤 이유로든 성공을 한 이유는 자신이 유능하기 때문이라고 생각합니다. 그래서 본인이 판단하고 본인이 시도하면 이전에 거둔 성공을 또다시 반복할 수 있다고 믿습니다. 그런 마음이 있기에 더 큰 성공으로 자신의 유능함을 입증하기 위해 규모를 키우고, 결국 실패를 경험합니다.

성공이라는 동전의 뒷면에는 실패가 새겨져 있습니다. 강점이라는 앞면 뒤에는 약점이 새겨져 있습니다. 성공을 일궈낸 그 이유 때문에 실패를 하거나 강점으로 여겼던 부분으로 인해서 어려움에 빠집니다. 즉, 강점이 약점으로 작용할 수 있다는 것입니다.

리더는 약점을 강점으로 볼 수 있는 눈을 가져야 합니다. 사람의 인지는 정확한 것처럼 보이지만 그렇지 않습니다. 영어에 'Bias'라는 단어가 있습니다. 이는 편견으로 해석되곤 합니다. 사람은 누구나 편견이라는 필터를 가지고 있기에 자기 눈에 일단 약점으로 인식이 되면 반대의 관점으로 바라보기 어렵습니다. 약점은 약점일 뿐, 강점으로 보이지 않는다는 말입니다.

하지만 다른 누군가는 그 사람의 약점을 강점으로 인식하고 그 사람의 그런 면모를 통해 높은 성과를 만들어 냅니다. 이는 스포츠에서도 아주 흔한 일입니다. 한 팀에서 활약을 못하던 선수를 다른 감독이 스카우트를 하여 타 팀에 갔을 때 놀랍게도 탁월한 선수로 바뀌는 경우가 자주 있습니다.

인도인의 존경을 받는 요가 분야의 구루인 삿구루^{Sadhguru}는 리더의 자질을 고결성, 통찰력, 그리고 포용성 이 세 가지로 규정했습니다. 다른 사람들이 모두 약점이라고 말한다고 할지라도 그것을 강점의 관점으로 바라보는 통찰력과, 그 약점을 포용해서 강점으로 함께 바라보도록 이끄는 태도가 바로 갖춰야 할 리더의 자질입니다.

회장님의 한마디

세상에서 제일 미련한 놈은 한번 성공했다고 해서 같은 방법을 주구장창 쓰는 놈이야.

세상이 그리 만만해? 꼭 기억해둬~ 성공의 유효 기간은 한번이야.

훗...귀엽네
사내 비밀 연애중인
영업부 민 대리와
송 사원...

나무명 대리
여기서 뭐하나?

평소에 동체 시력 훈련을 하다보니
순간적으로 핸드폰 글씨가 보여서...

"이거 부장님께 물어봐야 할까?"

"뭔데 그래?"

"작년에 입사한 이상한 씨 말이야."

"이상한이 왜? 사고쳤어?"

"아니~ 사고라기보다는 그만두고 싶다는 말을 하더라구."

"그래? 왜 갑자기 그만둔다고 그래?"

"회사 생활을 한 일 년 해 보더니 자기 적성에 안 맞는다더라고."

"그래? 평소에 조용하고 착실한 친구 같더니 뭐가 그리 힘들었을까?"

"나도 모르겠어. 하여튼 골치 아프다."

"그만두면 그만두는 거지. 골치 아플 일이 뭐 있어?"

"말도 마! 부장이 팀장들 모아 놓고 팀원 관리가 안되는 팀장들은 인사 고과에 불이익을 준다고 협박을 하더라고. 특히 퇴사하는 경우에 대해서는 더 감점을 주겠다는 거야."

"아니, 그게 팀장 맘대로 되나? 팀장이 어떻게 맘 바뀌어서 떠나겠다는 놈들을 잡냐고. 그런 말도 안 되는 소릴 하냐, 네 부장은? 참 이상한 사람일세."

"그러게 말이다. 그러니 내가 좀 고민이 된다. 일단 몇 번 설득해 보고 안 되면 부장에게 보고하는 수밖에."

"야~ 지금 말해야 되는 거 아니냐?"

"그러고 싶지, 나도. 근데 지금 이야기하면 당장 잡으라고 난리일 게 뻔해. 어휴, 진짜 생각만 해도 싫다. 낸들 안잡고 싶냐?"

"그래서? 일단 네가 하는데까지 이상한을 설득하겠다는 거지?"

"그치, 지금으로선 그 방법 말고는 딱히 없다. 나도 힘들다. 부장은 부장대로 지랄하지. 팀원은 팀원대로 조금만 힘들고 마음에 안 들면 나가겠다고 지랄하지. 내가 동네북이야 아주. 이놈이 두드리고 저놈이 두드리고. 못해먹겠다, 나도."

"그러다가 그 녀석이 맘을 안 바꾸면 나중에 너만 부장한테 더 깨질 텐데 어떡하냐?"

"할 수 있냐? 깨져야지."

"지는 툭 하면 자유롭게 물어보고 자유롭게 대화하자고 꼬드기면서 막상 물어보면 스스로 판단 못하냐고 타박하고, 안 물어보고 알아서 하면 진작에 안 물어보고 일이 다 터진 다음에 이야기한다고 소리치고, 야~ 이러나 저러나 야단 맞는 거는 똑같은 거 아니냐? 그럼 조금이라도 나중에 싫은 소리 듣는게 나은 거 아니야?"

"그러네, 이 친구 이제 보니 똑똑하네!"

"지랄 같은 부장 밑에서 눈치와 요령만 늘었다. 그리고 솔직히 신입 나간다고 회사가 망하냐? 부장이 나간다고 해도 회사는 아주 멀쩡할 거다. 안 그러냐?"

"당연하죠~ 지당하십니다!"

옥상에서 두 동기의 대화를 엿듣던 해가 뉘엿뉘엿 긴 하품을 하며 저멀리 기울고 있었다. 두 동기는 의기투합하여 퇴근 후 자주 가는 골목집에 모여 한잔 하기로 약속하고 헤어졌다. 그들은 소주잔을 부딪히며 큰 소리로 외칠 것이다.

"오늘은 오늘 일만 걱정하자! 내일 일은 내일의 내가 걱정할 거다!"라고 말이다.

리더가 자신에게 물어보라는 요구를 자주 한다면 그는 어떤 사람일까요? 긍정적으로 해석해 볼 경우를 먼저 생각해 보겠습니다.

첫째, 그는 배려심이 많은 사람일 수 있습니다. 부하가 일을 하다가 어려움에 빠질 경우 속히 헤쳐 나오길 바라는 마음으로 돕고 싶어할 만큼 그는 부하를 배려하고 걱정하는 사람일 수 있습니다. 둘째, 그는 조직을 위해 효율을 추구하는 사람일 수 있습니다. 조직의 입장에서 시간은 중요한 자산입니다. 직원들이 한 번에 끝낼 수 있는 일을 공연히 두 번 세 번 하는 것은 조직에 손해를 끼치는 일임을 그들은 알고 있습니다. 때문에 본인이 적극 나서서 실수를 줄이고 조직에 도움이 되는 조치를 하는 것입니다. 셋째, 그는 부하가 빨리 배우기를 원하는 사람일 수 있습니다. 묻는다는 것은 무엇인가를 하다가 막히거나 모호한 상황에 부딪힌 것일 겁니다. 그때 부하는 상사에게 문의하면서 보다 빠르게 답을 얻고 그로 인해 배우는 것입니다.

그렇다면 이제 부정적으로 해석해 보겠습니다.

첫째, 그는 실패를 용인하지 않는 사람일 수 있습니다. 실패는 쓸데없는 시간 낭비이기 때문에 가능한 한 피해야만 하는 것이라고 인식하고 있을 수 있습니다. 둘째, 그는 사람을 성장시키는 것에 우선순위를 두지 않는 사람일 수 있습니다. 사람은 실패없이 성장할 수 없습니다. 실패를 용인하지 않는다는 것은 성장의 자연스럽고 당연한 과정을 무시하는 태도이기에 사람을 성장시키는 데 결정적인 약점을 갖게 됩니다. 셋째, 그는 자신이 주도권을 쥐고 부하에게 넘겨주려는 생각이 약한 사람일 수 있습니다. 항상 자신이 중심에서 주인공의 역할을 하려는 욕망은 나에게 물어 보라는 표현으로 표출됩니다. 즉 내가 결정하고 내가 책임지겠다는 나 중심의 리더라고 보여집니다.

"사람의 성장과 발전은 리더십의 최고의 소명입니다."라고 최초의 타이어 기업인 파이어스톤의 창업주인 하비 파이어 스톤은 말했습니다. 그리고 사람의 성장과 발전은 스스로 문제를 해결하는 자발성과 주도성을 통해서 이루어집니다. 때문에 사람을 키우려거든 그가 누군가를 의지하려 하기보다는 스스로 길을 찾도록 돕는 것이 필요합니다.

리더가 되고 싶거든 스스로 생각하고 길을 찾아야 합니다. 또한 리더를 키우고 싶거든 그가 주도적으로 일을 하도록 해야 합니다.

회장님의 한마디

니가 신이냐? 니가 다 알아? 비싼 돈 주고 뽑은 사람들인데 좀 알아서 하게 내버려 둬.

네가 할 일은 방향과 결과물을 정확히 알려주는 거야. 방법까지 다 가르치려 들지 마.

너는 네 월급 값을 하고, 그 친구들은 그 친구들의 월급 값을 해야지.

아우 기획부 최 이사 정말 진상이지 않냐 능글능글대는 게

맞아 난 그 얼굴만 보면 두꺼비가 생각나 아우~ 소름 끼쳐!

강미 너도 그렇게 생각하지?

예? 저요?

저는 잘 모르겠는데요 그냥 괜찮은 분 같던데...

어.. 그래?

어머! 시간이 벌써... 저 회의 있어서 먼저 가볼게요

탁

아니 상사욕을
하는데 감히
혼자서 발뺌을 해?

저 요망한 것이
혼자 착한 척
하고 있사옵니다

어려서 그런 것 아니겠소
오히려 마음 씀씀이가 고운 게
귀엽구려

하오나
상사 험담에 동참하지 않음은
우리를 업신여기는 것이고
장차 여기 모인 우리가
위험에 빠질 수도 있사옵니다

　회사에서 주목받지 못하는 위치에 있던 사람이 가장 영향력 있는 자리로 올라 서자 사내 입지가 급격히 달라졌다. 총무 부장이 그 주인공이었는데, 허드렛일을 하는 사람이라고만 알고 있던 다른 임원들은 신임 대표가 회사의 각종 원칙과 지침들을 바꾸면서 직원들의 비용통제의 임무를 총무 부서에 일임하자 그는 더 이상 한직에 있는 사람이 아니었다.

회사가 어려운 상황에 처해 있다는 사실이 그에게는 더없이 좋은 구실이 될 수밖에.

비용 통제, 규정과 다른 사용에 대한 조치, 실제 사용 여부에 대한 비공개 조사 등 그의 움직임에 직원들이 업무상의 불편함을 넘어선 심리적인 불안함을 갖는 것은 어떻게 보면 당연했다. 그때부터 그는 변했을까?

그의 곁으로 사람들이 모여들기 시작했고, 개인 시간 중 대부분을 사람들과 어울려 먹고 마시기 시작하더니, 급기야 그의 입에서 이상한 말들이 나왔다.

"사장이 제일 믿는 사람이 누군지 알아? 바로 나야!"

"사장이 ○○ 부서는 일을 잘한다고 하더라. 근데 ◇◇ 부서는 아주 무능하다고 생각해."

"그동안 내가 사장을 위해서 아껴준 돈이 얼만데 말이야! 고마움을 모르고 그에 맞는 대우를 안 하네."

"비용을 줄이려면 구조 조정을 좀 더 해야 할 것 같아."

"내가 알아본 바로는 대충 O명이 잘릴 것 같아"

"못 믿어? 내가 사장한테 들었다니까. 아무개도 위험할 것 같아. 그 친구들과 너무 가깝게 지내지 마. 널 위해서 특별히 해 주는 조언이라고 생각하고."

그와 친한 직원들과 같이 한 술자리에서 그는 거침없이 이야기를 했다.

그때 전화가 울렸다.

"네, 사장님."

"아, 네, 네, 내일 아침 10시. 알겠습니다. 그때 찾아 뵙겠습니다."

전화를 끊고서 그는 더욱 의기양양해서 직원들을 향해 말했다.

"봤지? 사장은 요즘 나 없이는 일을 못한다니까. 내가 온갖 수발을 다 들어주고 있지."

그들은 웃고 떠들며 총무 부장의 달라진 위상을 축하했다.

그는 다음 날, 사장과 전화로 이야기한 일대일 미팅 시간에 맞추어 사장실 문을 두드렸다.

사장은 들어오라며 손짓했다. 그가 들어가 자리에 앉고 잠시 차를 마시며 사담을 나누고 있는 동안 갑자기 두 사람이 사무실로 들어왔다. 인사 책임자와 사내 변호사였다.

총무 부장은 무엇인가 이상하게 돌아간다는 생각을 하면서 왠지 모를 불길함을 느꼈다. 인사 책임자가 들고 있는 서류를 읽기 시작했다. 하지만 마음이 아득해진 총무 부장의 귀에는 아무 소리도 들리지 않았다.

"지금까지 읽어드린 내용에 동의하면 이 서류에 서명하셔도 좋고, 아니면 생각해 보고 나중에 하셔도 무방합니다. 그리고 이 시간 부로 당신은 회사에서 짐을 챙겨서 떠나야 합니다. 컴퓨터와 휴대 전화, 그리고 출입 카드는 반납하셔야 합니다. 이 과정을 인사과 직원이 도와드릴 것입니다."

총무 부장은 바닥을 쳐다보면서 자신도 모르게 손을 가늘게 떨고 있었다.

무고한 혐담은 무거운 대가를 치른다

위의 이야기를 읽으며 상상 속의 이야기라고 생각하신 분도 있을 것 같습니다. 약간의 각색을 덧붙였지만 위의 이야기는 실화를 기반으로 하고 있습니다. 바로 제가 사장의 자리에서 그와 같은 결정을 했습니다. 왜 그렇게 심하게 다루었는지 당사자인 그는 아직도 이유를 짐작하지 못하고 있을지도 모르겠네요. (법적인 이슈 때문에 이유를 말하지 않고 다른 논리를 만들어서 내보내는 것이 관례이기에 본인에게 이유를 알려준 적은 없거든요.)

다른 사례를 간단히 하나 더 소개할까요? 한 사업부를 맡고 있던 사업 부장은 여자였습니다. 다른 경력직 여직원이 그 사업 부장의 성과를 폄훼하기 위해서 고객사의 결정권자와 그 사업 부장 간에 썸씽이 없이는 계약을 따기가 어렵다며 사업 부장과 고객과의 부적절한 관계에 대한 근거 없는 소문을 발설하였습니다.

세상에 비밀이 없듯이 그 이야기는 사업 부장 귀에까지 들어갔고 사업 부장은 저에게 와서 관련 문제를 상의했습니다. 당시 저는 인사 부서까지 총괄하던 위치에 있었습니다. 저는 다각도로 관계된 사람들과 인터뷰를 진행한 후 근거 없는 험담이자 뒷담화라는 것을 확인했습니다. 그리고 곧 바로 그 소문과 뒷담화의 시발점인 해당 직원을 해고했습니다.

두 케이스는 사실상 거의 일치합니다. 뒷담화가 보이지 않는 곳에서 다른 사람을 욕하는 수준이라면 그리 크게 문제 삼을 이유는 없습니다. 그러면서 맺힌 앙금을 풀기도 하는 것이니까요. 하지만 추측이나 짐작 또는 의도적으로 거짓말을 불특정한 다수에게 발설하여 소문을 내는 것은 다른 이야기입니다.

기업 내에서 그런 행동을 용인하기 시작하면 협업이 어려워집니다. 의도적으로 누군가를 해코지하는 사람 곁에서 함께 동료 의식을 가지고 협력해서 일하는 것이 가능할까요? 영혼 없이 일만 하는 것은 바람직하지 않습니다. 협력과 협업도 그렇습니다. 내가 상대를 존중하고 상대는 나를 존중한다는 기본적인 상호 존중 없이 하는 협업은 뿌리가 부실한 것이 당연하고, 그런 부실한 관계는 쉽게 깨집니다.

같이 일을 해 나가다 보면 어려운 난관이 얼마나 많을지 모두 알고 있을 겁니다. 그런 어려움을 극복해 가면서 협력하기 위해서는 서로에 대한 기본적인 존중과 신뢰는 반드시 필요합니다. 성격은 다를 수 있고 일을 하는 방식이나 접근법도 다를 있습니다. 그런 사람과는 협업이 가능합니다. 다르다면 맞추어 가고 때론 실수를 통해 서로 배우면서 조정해 나간다면 해결할 수 있는 문제이기 때문입니다. 하지만, 의도적인 해코지를 위한 뒷담화와 험담은 관계의 기초를 허뭅니다. 그래서 전 그런 행동에는 대가가 반드시 따라야 한다고 생각하고, 그 원칙을 지키기 위해 많은 노력을 기울였습니다.

타인에 대한 말을 안 하는 것이 가장 좋지만, 만일 본인의 성향 때문에 철저히 그렇게 하지 못한다고 해도 애교 섞인 뒷담화 수준에서 멈춰야 합니다. 그것이 자칫 의도적인 험담을 담은 공격성이 담긴 뒷담화로 발전한다면 자신을 포함해서 주변에 파괴적인 결과를 초래할 것이 분명하기 때문이지요.

마쓰시다 고노스께는 마쓰시다 설립 후 직원들에게 이렇게 교육했다고 합니다. "사람들이 너희 회사는 무엇을 만드는 회사인가 묻는다면 이렇게 대답하십시오. 우리 회사는 사람을 만듭니다. 그 사람이 제품을 만듭니다."

기업은 사람이 만듭니다. 사람이 올바르지 않다면 올바른 기업은 결코 될 수 없습니다.

 **회장님의 한마디**

마음이 글러먹은 사람은 회사 망치기 전에 빨리 내쳐라.

꽁한 마음으로 질투심만 많아서 동료들 해코지하는 그런 애들이 아주 간혹 있는데 그런 애는 하나님도 못 고치신다. 얼른 버려!

　　이제는 각자 회사 안에서 어엿한 간부로 성장한 네 친구가 모여서 즐거운 대화를 나누고 있다.

"사장 아들이 이번에도 사고 제대로 쳤다."

"왜? 무슨 일인데?"

"사장이 아들을 후계자로 키운다고 신사업을 맡겼어. 뭐, 애가 나름

성실하니까 그럴 수 있지. 어려도 기회를 받아야 크는 거니까. 근데 성실은 한데 감각이 그리 있어 보이지는 않았어."

"무슨 사업을 했는데?"

"아동복 사업이야."

"그런데 일 년간 준비해서 매장을 오픈하고 보니까 매장에 진열된 아동복이 죄다 성인복 사업부에서 베스트 상품을 가져다 사이즈만 작게 만들었더라고."

"하하! 근데 사장은 그걸 몰랐나?"

"옷이란 게 하나하나 따로 보면 구분이 힘들잖아. 근데 모아서 컬렉션으로 보면 보이는 거지."

"그래서 어떻게 됐어?"

"뭐 어떻게 해. 다 만들었는데 팔아야지. 더 웃기는 건 지금부턴데, 그게 희한하게도 잘 팔려. 어떤 건 아주 잘 팔려! 그래서 사장님 기분이 아주 최고지."

"우와~ 사장 아들이 감각이 나쁘지 않은가 보다."

"그런가 봐, 되는 놈은 베껴도 잘 되나 봐."

"그래서 사장이 기분이 업되서 아들에게 유아복 사업도 만들어 보라고 했어."

"우와~ 이번 기회에 후계자로 확실히 자리잡게 하려나 보구나."

"그렇겠지. 근데 그 신사업 팀에 상품 기획으로 들어간 후배한테 넌지시 물어보니 이번에도 성인복 베스트 상품을 가져다가 애기들 사이즈로 바꾼다더라고? 되게 웃기지 않냐? 이게 무슨 사골도 아니고 우리고 또 우리고, 계속 우려먹고 있어."

"개인적으로 이번 건 매출이 잘 안 나와야 된다고 생각하는데, 만약에 그것까지 잘 되면 진짜 골 때리는 일이 생길 수도 있을 것 같아."

"무슨 일?"

"다음 경영자가 될 사람이 쉽게 카피해서 사업을 했는데 그게 잘되면 어떻겠냐? 뻔한 거 아니야? 어휴, 걱정된다."

"그러네. 일리 있는 걱정이네."

"돈 들여서 새로운 거 고민하고 새로운 시도를 하는 등 지금까지 우리 회사를 지탱해 온 활동을 쓸데없다고 연구 개발 예산을 왕창 삭감하거나 없애겠지. 안 그래도 돈을 버니까. 그런 일이 지속되면 우리 회사의 미래는 보이지 않겠지."

친구들 모두 그의 한숨을 이해하는 듯 고개를 끄덕이며 조용히 와인 잔을 부딪혔다.

베끼지 말고 나만의 이야기를 찾아라

위에 제시한 사례와 같은 경우는 도처에서 발견됩니다. 쉽게 하는 것 중 다른 것을 그대로 가져다 베끼는 것만큼 광범위하게 사용되는 것도 없으리라 생각합니다.

어느 생활 가전 회사가 독신자용 냉장고를 만들 때 4인 가족용 중형 냉장고 구조와 시스템을 1/3 사이즈로 그냥 줄여서 만들었다가 시장의 반응이 냉담하여 단종했다면 그것은 코미디에 가깝다고 보아야 할 것입니다. 그런데 이런 웃지 못할 일이 개인들 사이에도 많이 발견됩니다.

다른 이의 기획이나 보고서를 베끼는 경우나 작년 재작년에 했던 보고서를 다시 가져와 살짝 수정한 후 마치 새것인 것처럼 작성하는 경우는 물론, 심지어 다른 사람의 소셜 미디어 포스팅이나 글을 그대로 가져와 자기가 쓴 것처럼 올리는 사람도 있습니다.

과거 제 상사 중 한 분은 보고서 작성 시기만 되면 직원들에게 타 사업부는 어떻게 쓰고 있는지 알아보라는 지시를 내리고는 했습니다. 타 사업부의 보고서를 입수하는 것이 능력으로 평가받기도 했습니다. 자기가 하고 싶은 이야기가 무엇인지에 집중하기보다 남이 어떤 이야기를 하는가에 더 큰 관심을 가지고 있었죠.

제 친한 지인인 한 패션 기업의 경영자는 다른 경쟁 브랜드들이 어떤 상품을 만드는지, 어떤 마케팅을 하는지 등에 대해 조사를 전혀 하지 않고 있습니다. 그 이유를 물었을 때 그는 이렇게 대답했습니다.

"저는 그냥 우리가 무슨 이야기를 어떻게 할 것인지만 생각해요. 다른 브랜드들이 하는 것을 자꾸 바라보면 저도 모르게 비슷해져 가면서도 인식하지 못할 것 같아서 일부러 다른 브랜드에 대해서 조사를 하지 않습니다."

직장인으로서, 사회인으로서, 기업인으로서 우리 모두는 자신이 가진 본인의 독특성에 더 집중해야 합니다. 습관처럼 다른 사람이 하는 것을 보고 비교하며 남의 결과물을 베끼는 행동의 이면에는 나 자신에 대한 자신감의 결여, 그리고 나에게 오롯이 집중하는 마음이 부족한 것은 아닐까요?

회장님의 한마디

자기들은 남의 집 뭐하나 그러면서 맨날 기웃거리나?

남의 것 들여다보고 베낄 생각하지 말고 내 것에만 집중해.

한 번 태어난 인생인데 창피하게 그러고 싶어? 그냥 너처럼 너답게 해.

내 멋대로

어? 무명 선배 수염 기른 거예요?

그림자 회사원 나무명

나 수염 기른 지 한 달도 넘었거든

그래요? 전혀 몰랐어요

그렇겠지 어차피 난 그림자 회사원 나무명이니까

에이 왜 그래요 그래도 제가 알아봤잖아요

흉흉한 소문이 돌고 있다. 조만간 피바람이 불어 닥칠 것 같은 예감이 든다.

내가 어떻게 아냐고?

장난하시나? 이래 봬도 내가 여기에서 20년을 근무한 사람이야.

지난 20년 동안 우리 회사에 몇 번이나 구조 조정이 있었는지 알아?

알 리가 없지. 그걸 기억하는 사람은 이제는 거의 찾아보기가 어려울 만큼 잘려서 나가거나 아니면 자기 발로 나갔거든. 20년 이상을 다닌 사람은 이제 사장하고 나를 빼면 없다고 보아도 무방하지.

그러니 내가 그렇다면 그런 거야. 이해돼?

잘 들어봐, 내가 왜 그렇게 느끼는지 이야기해 줄게. 얼마 전까지 사람들이 미친듯이 회의하고 그것보다 더 미친듯이 보고서를 만들었던 거 알지? 거의 매일같이 회의 소집이 있었거든. 그게 첫 번째 증거야. 회의를 자주 한다는 것은 무언가 뜻대로 안 되고 있다는 거잖아? 또 보고서를 많이 쓴다는 것은 사장님이 대단히 불안하다는 것이고.

사장님이 왜 불안하겠어? 사업이 뜻대로 안 되고 있으니까 불안하겠지. 사업 부장들은 거의 날마다 사장님한테 불려 들어가서 깨지는 게 일이었거든. 그렇게 깨지고 나온 사업 부장들은 그 밑의 팀장들을 깨고 팀장은 팀원들을 깨고. 분위기 살벌했거든, 아주.

그런데 이번 달부터 아주 조용해. 깨지는 횟수도 그 전보다 현저히 줄어 들었고. 팀장들까지 소집하던 회의도 빈도수가 줄었어. 입을 맞춘 것처럼 보고서도 전보다 줄어들었어. 이건 사장님 심경에 변화가 있는 거지.

잘 생각해 봐. 이것이 무엇을 의미하는지. 아마도 지금쯤 인사 과장이 경영진들과 구조 조정안을 작성하고 있는 것으로 보인다고. 아마 내 감이 정확할 거야.

또 다른 신호도 있어. 궁금해? 아이, 참~ 이건 맨입으로는 이야기 못 해 주는데 말야.

하지만 내가 특별히 말해 주지. 회사에서 비용 절감하라고 날마다 보고서 쓰게 하고 모든 비용을 단속하고 그랬거든. 그런데 이번 달부터 이상하게 안 그러지 않아? 그거 분위기 조성하는 거야. 이해 안 돼?

사람들을 해고하려면 회사 내부 분위기가 흉흉한 상태에서 그러는 것은 현명하지 못한 행동이거든. 직원들이 단체로 반발하거나 노조 같은 거 결성해서 들고 일어서면 누구 손해겠어? 그러니까 미리 분위기를 깔아 두는 거라고.

비용 쓰지 말라고 쪼고 압박하는 것을 잠깐 멈추고 잘해 주는 것이지.

그리고 한 가지 더 말해줄 게 있어.

사장님이 요즘 직원들을 피해 다녀. 아니, 이 많은 직원 중에 사장님을 이번 달에 만나본 사람이 거의 없어. 이게 말이 돼? 사장님이 의도적으로 피해서 다니지 않으면 불가능한 일이지. 왜 사장님이 우리를 피해 다닐까? 마주치기 거북한 일이 있으니까 그러는 거지.

이제 퍼즐들이 하나씩 맞아 들어가지?

마지막으로 윗대가리들이 요즘 들어서 외부에 나가서 미팅을 하곤 하잖아? 왜 바쁘디 바쁜 그 사람들이 자꾸 외부에 가서 미팅을 할까? 보안이 철저히 필요한 이야기를 나누는 것이라고 딱 감이 오지 않아?

자~ 듣고 보니 어때? 합리적인 추론이지 않아?

구조 조정을 제대로 알고 나 자신에게 먼저 적용하라

당신이 회사를 다니고 있다면 지위가 높고 낮음을 떠나서 구조 조정 Restructuring에 대해서도 알아 둘 필요가 있습니다. 구조 조정은 어떤 목적으로 하는 것이며, 어떤 방향으로 진행하는 것이 바람직한지 아는 것은 본인이 소속된 기업의 수준을 파악하는데 도움이 되기도 하지만, 만일 구조 조정을 진행하는 입장에 있다면 보다 합리적으로 계획과 실행을 하는 데에 도움이 될 것입니다.

구조 조정을 흔히 인원 감축과 동일한 것으로 생각하는데 그렇지 않습니다.

어려움에 빠진 기업을 회생시키는 턴어라운드Turnaround 경영을 할 때 초기에 구조 조정을 과감하게 단행하는 경우가 일반적인데, 그때 단행되는 인원 감축만을 보고 단편적으로 해석하면 위와 같은 오해에 빠지기 쉽습니다. 하지만 인원 감축은 구조 조정의 범주에 포함되어 있는 하나의 방안이라고 보는 것이 정확합니다.

턴어라운드 상황에 몰린 기업들은 거의 대부분 강점들이 사라졌거나 희미해진 상황에서 다음과 같은 문제를 겪습니다.

제품력의 저하, 브랜드 파워 감소, 고객의 이탈, 핵심 인재의 이탈, 결제지연으로 인한 주요 공급사의 이탈, 다양한 소송, 은행으로부터 오는 차입금 상환 압력, 신용도 추락으로 이자 비용 상승, 현금 고갈 등

이때 기업이 실행하는 구조 조정의 목적은 크게 2가지로 볼 수 있습니다.

1. 자원 확보: 현금 유출을 최소화하고 가용 현금을 최대한 확보

2. 선택과 집중: 제한적이지만 확보된 현금이 확실하게 돌아올 확률이 가장 높은 곳에
   집중해서 사용

이를 기반으로 본다면 위기 상황에서의 구조 조정은 현금 유출을 감소시키고, 되돌아올 곳에 집중해서 사용하는 전반적인 활동을 말합니다. 이것을 경영학적으로 설명한다면, '비주력 분야를 대대적으로 정리하여 남아 있는 자원이 기업이 선택한 주력 분야에 집중되도록 하는 것'이라 할 수 있습니다.

이처럼 구조 조정은 방향과 전략의 조정, 내지는 급진적 변화를 통해서 사업 전반을 다시 일으켜 세우는 것을 의미합니다. 그 과정 중에 나타나는 것이 인력 감축인 셈이지요.

이런 관점으로 볼 때, 많은 기업들이 흔히 저지르는 실수가 조금 더 명확해집니다. 기존의 사업 부문이나 조직을 대상으로 인원을 비례적으로 축소하는 것이 대표적이죠. 이번에 경영진이 전체 부서의 30%씩 조직을 축소하기로 했으니 내보낼 인력을 선정하라는 지시가 얼마나 위험한 발상인지 다시 한번 생각해 보아야 합니다. 더불어 이것도 저것도 다 아까워서 하나의 프로젝트에도 부족한 현금 잔고로 몇 개의 프로젝트에 분산해서 고르게 투입하는 것도 굉장히 어리석은 선택입니다.

위와 같은 어리석은 선택을 하는 것은 방향성과 전략이 불분명하기 때문입니다. 일단 살고 보자는 노력은 당연하지만, 그 후에 무엇을 어떻게 할지에 대한 계획 없이 없애지 말아야 할 것을 없애고 없애야 할 것을 남기는 어리석은 선택을 하게 되는 것이죠.

그렇다면 이런 구조 조정 상황에서 직원은 어떤 선택을 할 수 있을까요? 기업에서 시행하고 있는 것이 긍정적인 구조 조정인지 아니면 부정적인 구조 조정인지를 판단해야 합니다.

긍정적인 구조 조정은 가고자 하는 방향과 전략이 분명하고 그 과정에서 실행하는 것을 말하며 이런 기업은 미래에도 흔들리지 않을 가능성이 높습니다. 반대로 부정적인 구조 조정이란 다음 비전이나 전략 없이 그저 생존을 위한 축소만을 하는 것을 말하며, 이 경우 본인의 미래를 그 기업과 함께할 것인지 재고해야 합니다.

무엇이 됐든지 개인은 자신이 수동적인 입장에 처하는 것이 가장 워스트 케이스worst case일 것입니다. 기업이 자신을 위해 하는 다양한 선택 중 하나가 구조 조정이듯이 개인들도 선택안을 다양화하기 위해 준비를 해야 합니다.

기업이 내가 원하지 않는 선택을 하는 모습을 볼 때 그저 그 선택에 따르는 수동적인 입장에 서기보다, 능동적이고 주체적인 입장에서 나도 다른 선택을 할 수 있도록 평소에 준비를 하는 것만이 개인이 구조 조정에 대처할 수 있는 자세일 것입니다.

회장님의 한마디

아니, 비싼 돈 주고 똑똑한 사람들을 그렇게 많이 뽑았는데 왜 대가리들 수는 왜 자꾸 늘어나!?

임원 수를 쓸데없이 늘리지 말라고. 회사 어려워지면 내가 누구부터 자를 거 같나?

돈 많이 받는 임원들 아니겠어? 그러니 평소에 관리해.

"제 2차 세계 대전 중 독일에서 있었던 일이야.

히틀러 총통에 대한 연합군의 테러가 비밀리에 계획되고 있다는 첩보를 입수한 독일군은 독일군 사령부로 출입하는 모든 사람과 차량에 대해 대대적이고 철저한 검문검색을 실시했지.

그때 가장 큰 공을 세운 존재는 사람이 아니라 바로 개였어. 탐지견.

냄새로 탄약을 찾아낸 탐지견의 활약이 없었다면 연합군은 초기에 히틀러를 제거하는 데 성공했을지도 몰라. 하지만 그 탐지견 때문에 연합군의 작전이 난항을 겪었다고 해.

더 재미난 사실은 뭔지 알아?

독일군이 보유한 탐지견 중에 가장 발군의 활약을 펼친 개들은 바로 영국 품종이었던 보더콜리였어. 전쟁 전에 영국이 독일 정부에 선물로 보냈던 강아지들이 커서 탐지견이 된 거지. 그리고 그 강아지가 재밌게도 적의 수장인 히틀러의 목숨을 지키는 존재가 된 거야.

만약에, 만약에 말이야… 독일군이 적국인 영국산 개라는 이유로 보더콜리를 탐지견으로 쓰지 않았다면 어떤 일이 생겼을까? 자국의 개도 많았잖아. 셰퍼트를 비롯한 독일산 순수 혈통을 가진 개들에게만 탐지견의 자격을 주었다면 과연 무슨 일이 있었을까?

어디 출신인지는 전혀 중요하지 않아. 실력이 중요한 거지. 그런 눈과 마음이 없는 사장은 까막눈에 불과해. 눈과 마음이 다 막혀 있다는 거야.

그런데 네 지금 모습은 어떠냐? 너에게 가장 크고 중요한 사업부를 맡겼더니 근본도 없는 네 사람들로 줄줄이 요직을 다 채웠더구나. 너는 네가 아는 사람이라야 이 사업을 할 자격을 갖는다고 생각을 하냐? 그래서 네 학교 선후배들로 주요 보직을 다 채웠냐고.

네 밑에 줄줄이 달고 있는 학연으로 얽혀 있는 사람들 정리해라. 만일 이번 달 안으로 정리하지 않으면 네가 이 회사를 나가는 일이 벌어질 거야. 알아들었어?”

비서 실장은 회장의 바로 뒤에서 이 상황을 조용히 지켜보았다.

그리고 회장이 사장실을 나설 때 뒤에서 보좌하며 차까지 수행했다.

"자네도 앞자리에 타게."

아직 노기가 서려 있는 회장의 목소리를 듣고 비서 실장은 즉시 앞자리에 올랐다.

"자네가 김 대표의 행동을 잘 살펴서 내게 알려주게. 자식 놈 하나 있는 게 저렇게 칠칠치 못해서 어디다 써먹겠나? 쯧쯧. 지가 아는 사람 아니면 믿을 수 없다는 생각으로 이 큰 기업을 어떻게 이끌어 가겠냐고. 에잇, 못난 놈 같으니…"

"회장님, 하나 여쭈어 볼 것이 있습니다."

"뭔데?"

"아까 말씀해주신 독일군 탐지견 이야기가 너무 인상적이어서요. 그 이야기를 모든 임원들에게 메일로 회장님의 가르침과 함께 전달하면 좋을 것 같습니다. 그래도 괜찮을지 여쭙습니다."

"뭐~ 나쁠 거 없지."

"근데 아까 그 이야기 내가 좀 전에 지어낸거야."

"네에?"

"아직도 몰라? 목적하는 것만 달성하면 되지. 그깟 게 뭐가 중요한가?"

"네. 알겠습니다. 오늘도 회장님께 큰 가르침을 얻었습니다. 하하."

"하하하, 이야기가 실화인지 허구인지 그게 뭐가 중요해? 실화만 쓰는 것도 학연이랑 다를 게 없어. 속 좁게 내가 아는 것들만 쓰는 것과 같은 거야. 없으면 지어내면 그만이야. 젊디 젊은 자네가 내일모레 떠날 나 같은 늙은이한테 아직도 한참 멀었구만~ 허허허!"

"당연하십니다. 회장님. 저는 회장님의 발꿈치조차 따라가는 것도 힘겹습니다. 하하하!"

비서 실장은 회장의 소탈한 웃음소리를 고개를 갸우뚱거리며 듣고 있었다.

성과보다 관계를 앞세우지 말라

나폴레옹은 이렇게 말했습니다.

"인재가 있다는 소문이 들리면 나는 앞뒤를 가리지 않고 그에게 달려가 도움을 청할 것이다. 인재를 얻을 수만 있다면 그의 비위를 맞추기 위해 염치를 무릅쓰고 아부하는 일조차 마다하지 않을 것이다."

전설적인 광고인인 데이비드 오길비는 이렇게 말했습니다.

"여러분보다 똑똑한 사람을 채용하십시오. 최고의 인재를 채용하지 않는 것은 스스로 자기 손발을 묶는 것입니다. 언제나 여러분보다 더 작은 사람들만 고용한다면 우리 회사는 소인국이 될 것이고, 늘 여러분보다 큰 사람을 채용하면 거인국이 될 것입니다."

　모인 사람들이 누구인지가 그 기업의 수준입니다. 만일, 오너나 사장이 가족과 친지들 그리고 지인들을 곁에 두고 그들을 통해 일하는 성향이라면 그것이 그 기업의 수준입니다. 그런 기업에서는 직원들이 일이나 성과 이외에 사적인 관계에 신경을 써야만 합니다. 사업적 목표보다 관계에 신경을 쓰는 기업이 제대로 성장할 수 있을까요?

　바로 가족 기업의 한계가 이 점에 있습니다. 혹시 회사 안에서 성골이니 진골이니 하는 말이 공공연히 돌아다닌다면 가족 기업일 가능성이 아주 높습니다. 알고 보니 사장 친구이고 후배이고 조카이고, 전무의 동생이고 등 이런 관계로 이리저리 얽혀 있나요?

　혈연, 학연, 지연이 만연한 기업이라면 마음 굳게 먹고 탈출을 준비하십시오. 만약 이런 것들에 의지하고 싶은 마음이 든다면 여러분의 사회생활이 진흙에 빠질 각오를 해야 할 것입니다.

　단기적이고 유동적인 것에 현혹되지 말고 장기적이고 지속적인 것에 투자하시기를 바랍니다. 그것이 바로 자신의 실력을 개발하는 것이며 유능하고 열정적인 사람들과 함께 하는 것입니다. 관계는 성과와 함께 가야만 합니다. 관계를 위해 성과를 양보하는 순간, 당신의 커리어는 위험하다는 것을 반드시 기억해야 합니다.

회장님의 한마디

우리 회사가 구멍가게야? 아는 사람만 쓰게? 나 회사 그렇게 안 키웠다.

미래엔 인공 지능의 명령을 받고 살게 된다던데 차라리 그게 나을 거 같아요

무슨 뜬금 없는 소리야?

박 과장님 때문에요 자기가 시켜놓고 말 바꾸고 자기 기분 따라 멋대로라서요

최소한 로봇이 상사라면 합리적이지 않을까요? 편견도 없고 기분 따라 행동하지는 않을 거 아니에요

음.. 과연 그럴까?

"김 차장, 마케팅 팀의 보고서를 좀 세세하게 분석해 봐."

"부장님, 왜 그러시는데요?"

"번번히 느끼는 건데, 사장님이 마케팅 팀의 보고서를 칭찬하네. 뭔가 이유가 있지 않겠어? 그러니까 이번 기회에 세세하게 분석해서 좋은 건 우리도 도입을 하자는 거지."

"네. 알겠습니다."

김 차장의 분석 결과를 받아본 이 부장은 제품 개발 팀에서도 도입할 몇 가지 인사이트를 발견했다.

먼저, 보고서의 전체적인 톤이 매우 정중했다. 존칭을 넘어 극존칭을 사용했고 문장들도 대부분 단정적인 표현을 쓰기보다 매우 부드럽게 '생각합니다' 혹은 '해석할 수도 있습니다'와 같이 겸손한 문장을 사용하고 있었다. 그와 동시에 매우 단순하며 직관적인 그래프 등을 통하여 시각적 효과를 극대화시켰다. 아마도 사장님이 복잡한 그림을 선호하지 않는 것을 배려한 구성인듯 보였다. 그 밖에도 몇 가지 더 차용하고 싶은 아이디어가 담겨 있었다.

"내 생각에는 이러이러한 부분이 우리와 다른 것 같아."
"이번 달 보고서를 만들 때는 내가 알려준 점들을 반영해 봐. 느낌이 괜찮은데? 좋아."

그렇게 그들은 새로운 보고서를 작성하여 제출했다. 그 후 사장 앞에 불려간 이 부장은 내심 그동안 보였던 사장의 반응보다 훨씬 더 긍정적인 반응이 있을 거라 기대하고 있었다.

"이 부장, 이 보고서 만드는데 시간이 얼마나 걸렸어요?"
"이틀 걸렸습니다."

대답이 떨어지기가 무섭게 사장은 무섭게 이 부장을 노려보았다.

"제품 개발 팀은 시간이 많은가 봐요? 두꺼운 보고서 만드느라 고생이 많았을 거라는 건 내가 알겠어요. 그런데 정작 중요한 내용이 부실하잖아요."

"제품 개발실이 존재하는 가장 중요한 이유가 뭔가요?"

묵묵부답인 이 부장을 바라보며 사장은 말을 이어갔다.

"소비자들이 좋아할 제품을 개발해내는 것 아닌가요? 그렇다면 개발할 제품에 대한 내용이나 개발 중인 제품에 대한 내용이 가장 중요하다는 것도 알고 있죠?"

"예, 그렇습니다."

"그런데 왜 조직 이슈, 교육, 인사 사항, 비용 사용, 출장에 대한 쓰잘데기 없는 것은 다 자세히 쓰면서 제품 개발에 대한 내용은 성의 없이 썼습니까? 내가 궁금한 걸 알려줘야지. 누가 이 부장이 말해 주고 싶은 거 듣겠다고 그럽니까? 이렇게 포인트를 못 잡습니까?"

약 삼십 분을 사장한테 깨지고 돌아온 이 부장은 자리에 앉아 한숨을 푹푹 내쉬었다.

여러분은 모두 '벤치마킹Benchmarking'이라는 용어를 자주 들었을 것이며, 친숙하게까지 느낄 수 있습니다.

벤치마킹은 1979년에 미국의 복사기 기업인 제록스Xerox에 의해 시작되었습니다. 당시 무명에 가깝던 일본의 캐논 복사기가 시장의 선두주자인 제록스(전 세계 복사기 시장의 96%까지 점유했던 기업)보다 낮은 가격을 통해 시장에서 돌풍을 일으키는 사건이 발생합니다. 그 후 캐논을 비롯한 일본의 신규 복사기 업체들이 품질, 기능, 디자인 등의 측면에서 우수한 중·저가 제품을 출시하면서 제록스의 시장 점유율은 급기야 45%까지 추락합니다.

이러한 위기 상황에서 경영을 맡은 데이비드 컨즈David Kearns 회장은 제품의 경쟁력 회복을 목표로 벤치마킹이라는 새로운 방안을 실행해 경영 혁신과 고객의 요구에 부합하도록 제품 혁신을 추진했습니다. 그 결과 제록스는 시간 단축, 비용 절감, 생산성 및 품질을 향상시켜 1986년 이후 제품의 경쟁 우위를 다시금 확보하고 시장 점유율을 회복했다는 이야기가 있습니다.

벤치마킹이란 기업이 경쟁력을 제고하기 위한 방법의 일환으로, 타사의 성공 사례에서 학습하는 혁신적 기법을 말합니다. 하지만 벤치마킹은 복제나 모방과는 다릅니다. 벤치마킹은 단순히 경쟁 기업이나 선도 기업의 제품이나 서비스를 복제하는 것이 아니라 장단점을 분석해서 그중 적합한 것을 선별하여 자사의 환경에 걸맞게 조정하고 적용함으로서 시장 경쟁력을 높이는 개념입니다. 요즘은 비단 제품이나 서비스에 국한하지 않고 기업의 제도나 업무 프로세스 등까지 벤치마킹의 대상으로 삼는 등 광범위하게 사용되고 있습니다.

좋은 사례나 모델 케이스를 관찰해서 우리 회사에 적용해 보는 것이 나쁜 일은 아닙니다. 오히려 권장할 만한 일이지요. 더욱 업무를 잘 처리하고 싶다는 의도가 그 기저에 있어 그런 노력을 기울이는 것이기 때문입니다.

다만, 외형적인 부분만을 가감없이 그대로 가져오는 것은 때로는 독이 되기도 합니다. 기업이 어떤 시도를 할 때에는 많은 고민과 실패의 반복을 통해서 조금씩 자리잡도록 만드는 것이 일반적입니다. 다른 기업들이 짧지 않은 기간 동안 많은 수고를 기울여 성공시킨 무엇인가를 그냥 가져다 쓰면 되는 정도로 세상은 쉽지도, 만만하지도 않습니다.

그것을 만들고자 했던 의도를 파악하고 어떤 과정을 거쳐서 성공했는지 따라가 보기 전에는 성공의 과정을 이해하기 어렵습니다. 즉 대가를 치른 사람이 누리는 것이 성공이라는 열매인 것입니다.

지불해야 하는 대가에는 관심이 없고 성공이라는 열매만 취하려는 사람이나 기업이 너무나 많기에 오늘날의 벤치마킹이 더 이상 강력한 무기로 작용하지 못하는 것이 아닐까 생각합니다. 벤치마킹은 그 자체로는 여전히 막강한 경영의 전략적 도구입니다. 그렇기 때문에 잘 사용한다면 효과가 큰 방법이죠. 개인들도 벤치마킹을 통해 성공적으로 직장 생활을 하고 커리어를 만들어 가는 선배나 동료들을 관찰, 이해, 연구하여 내가 사용할 수 있는 중요한 아이디어를 얻고 적용할 수 있습니다.

다만, 성공을 이룬 것을 무분별하게 모방하여 나도 성공을 쉽게 이루겠다는 욕심을 버리고 진정으로 그의 성공이 어떤 동기와 노력으로 얻어진 것인지 마음으로 다가가 알고자 한다면, 분명 당신도 성공을 거둘 수 있을 것입니다.

회장님의 한마디

좋은 것은 따라할 수 있어. 좋다면 안 따라 하는 게 오히려 이상하지.

근데 따라하려고 마음을 먹었다면 속속들이 파악해서 제대로 따라해. 그냥 보이는

것만 대충 따라하지 말고.

세상에 대충해서 성공하는 사업이 있어?

뭘 잘릴까봐 걱정해
잘리면 이직하면 되지

너야 프로그래머니까
이직이 쉽지

우리 같은 일반 회사원은
잘리면 정말 끝장이라고

흠

하긴 말은 그렇게 해도
나도 구인 사이트에
수시로 프로필 올려봐

왜? 이직하려고?

159

"여러분, 만약에 경력 직원이 없다고 생각해 보세요."

김기봉 대표는 매달 한 번씩 있는 직원 교육 시간에 이야기를 꺼냈다.

"최근에 인사과에서 진행한 설문 조사 결과를 보고 제가 많이 놀랐습니다. 경력직 채용을 줄여야 한다고 생각하는 분들이 65%나 되더군요. 저희 회사에 경력직으로 오신 분들이 그렇게 답을 하지는 않았을 테니 그 분들이 차지하는 10%의 비중을 공제한다면 9명 중에 6.5명, 그러니까 기존 직원 중 72%가 경력이 있는 직원을 원하지 않는다는 결과이더군요. 여러분의 뜻은 잘 알겠습니다. 그런데 생각해 봤으면 합니다. 우리 회사에서 경력직을 더 이상 채용하지 않는다고 가정해 보도록 합시다. 그럼 무슨 일이 벌어질까요?"

"장점은 무엇이고 단점은 무엇일까요? 여러분은 지금 좋은 우리의 분위기나 문화를 지켜갈 수 있다고 생각하는 것 같아요. 맞나요? 그 밖에도 우리 회사에서 성장한 기존 직원들에게 더 기회를 줄 수도 있을 겁니다. 이것도 동의하시죠? 그럼으로 기존 직원들 중 승진자도 더 많아지고 연봉도 오르겠죠? 그럼 단점은 무엇일까요? 저는 그렇게 생각합니다. 우리끼리만 좋은 문화, 즉 편협한 문화가 더 커질 겁니다. 여러분은 자신이 편협하다는 생각을 하지 않고 있을 거 같군요. 하지만, 제가 보기엔 편협해요. 왜 그런지 지금부터 이야기해 보겠습니다."

"저를 비롯해서 우리는 경력 직원들께 큰 도움을 받고 있습니다. 그분들이 저희 회사로 오시겠다는 결단을 내려주지 않았다면 여전히 발전을 이루지 못하는 취약한 부문이 존재할 겁니다. 그 분들이 다른 우수한 기업에서 배우고 익힌 경험과 지식을 그대로 가지고 우리에게 오셔서 저희가 빠르게 성장하는 데 도움을 주었습니다. 고작 그것뿐이라고 생각하시나요, 여러분? 여러분 중 상당수는 회사 초창기부터 함께한 분들이기에 이곳이 첫 직장인 것으로 압니다. 그런데 여러분은 우리 회사가 처음이자 마지막 직장일 거라고 장담할 수 있습니까? 사실 이곳이 여러분의 마지막 직장이 아닐 가능성이 더 큽니다. 즉, 여러분도 언젠가 본인의 희망하는 바와 무관하게 이곳을 나갈 수도 있습니다. 그렇게 되면 여러분은 자신이 지금 부담스러워하는 경력 직원의 입장이 될 수 있다는 말입니다."

"여러분~ 여러분은 고객도 사업 초기의 고객과 지금 들어온 고객으로 나눕니까? 초기부터 함께한 고객은 중요하고 최근에 우리를 택해 준 고객은 덜 중요한가요? 고객은 다 같은 고객입니다. 그리고 직원도 다 같은 직원입니다. 다들 아시다시피 저는 두 번의 사업 실패 경험이 있습니다. 따지고 보면 저도 사업상 경력 사장입니다. 틀린 말이 아니죠? 제가 이전 두 차례의 실패 경험이 없었다면 지금처럼 잘하고 있지는 못했을 겁니다. 실패를 통해서 배운 것이 너무나 많기에 그래도 이 정도 하는 것입니다. 경력 직원 중에는 대단한 성공을 경험하신 분도 있지만 그렇지 못한, 다시 말해 실패를 경험한 분도 있습니다. 하지만 그게 그분을 규정할 수는 없습니다. 이전에 성공했다고 해서 지금 성공하리라 보장할 수 없고 이전에 실패했다고 해서 지금 실패할 거라 단정할 수 없습니다. 오히려 반대의 결과가 나올 수 있습니다. 성공해 본 사람은 자만해서 실패할 수 있고 실패한 사람은 교훈을 얻어 성공할 수 있습니다. 그러니 경력 직원의 이전 생활을 너무 알려고 하지 마세요. 지금만 보세요. 저도 그럴 겁니다. 가능하다면 여러분 모두 오래오래 이 회사에서 같이 갔으면 좋겠습니다. 하지만, 명심하세요. 미래는 모르는 것입니다. 여러분도 이곳을 떠나 어딘가로 갈 때는 경력 직원이 되는 겁니다. 그러니 마음을 열고 환영해 주고 동료로서 열린 자세로 협력해 주세요. 그들이 잘 적응하고 이곳에서 성공하도록 도와주세요."

김 대표의 말을 듣고 직원들은 모두 숙연한 마음으로 조용히 박수를 보냈다.

이직을 통해 서로 성장하기

요즘도 이직을 배신이라고 생각하는 사람들이 있을까요? 그렇다고 해도 그런 기업에서도 경력 직원을 채용합니다. 자사로부터 나가는 직원은 배신이라고 생각한다면 타사로부터 오는 배신자도 받아들이면 안 되는 것이지만, 같은 경우에 대해 자신의 필요에 따라서 논리가 바뀌고는 합니다.

이직은 아쉽고 서운하고 때로는 원망스러운 감정을 수반하는 것도 사실입니다. 그것은 떠나는 사람이나 보내는 기업이나 마찬가지일 것입니다. 하지만 조금 더 넓은 시야로 받아들일 필요가 있습니다.

대부분의 경우 누군가 떠나는 것은 누군가 새로 온다는 것과 일맥상통합니다. 기존의 인재는 떠나지만 새로운 인재와 함께 일할 수 있는 기회를 얻는 것이지요. 새로운 생각, 새로운 관점, 새로운 접근, 새로운 관계 등을 통해 기업은 얻을 수 있는 것이 있고, 떠나는 개인도 새로운 기업에서 자신이 가지고 있는 경험과 능력을 통해 새로운 기업의 발전에 기여할 수 있는 기회를 얻을 수 있습니다. 물론 경우에 따라서는 그다지 긍정적인 결과를 얻지 못할 수 있습니다. 그럼에도 이직이라는 자연스런 순환을 통해서 기업도, 직원도 모두 변화를 겪고 성장합니다.

저는 총 7번의 이직을 했습니다. 적지 않은 횟수지요. 이직의 과정에서 어려움도 많았지만 이직을 통해 성장의 기회를 많이 얻은 것도 사실입니다. 좀 더 현실적으로 말씀드리는 것이 도움이 되겠군요.

이직은 왜 할까요? 그 이유는 여러 가지가 있겠지만 큰 이유는 두 가지로 꼽을 수 있습니다.

첫째는 불만이 있거나 변화가 필요하기 때문입니다. 기존 회사나 자신에게 불만이 있거나 변화가 필요하다는 것인데 예를 들면, 급여나 복지에 대한 불만, 지위에 대한 불만, 업무에 대한 불만과 같은 것이 있습니다.

둘째는 새로 입사하는 기업이 제공해 줄 것에 대한 기대가 있기 때문입니다. 높은 급여나 복지, 높은 직급, 원하는 업무 등을 기대하는 것이겠죠.

현실적으로 기업은 기존 직원들의 대우를 높여 주는 속도에 한계가 있습니다. 그게 너무 느리다고 느끼는 직원은 더 빠른 길을 찾게 되고 그 경우 이직이 적합한 대안이 되고는 합니다. 그렇기에 이직은 기회와 같습니다.

기업의 입장에서는 직원이 떠나고 나면 비로소 진지하게 생각을 합니다. 자사가 직원들에게 남아 있기에 얼마나 매력적인가? 구직자가 오고 싶은 마음이 드는 기업인가? 이런 질문을 스스로에게 던지는 계기를 마련해 주는 것이라고 할 수 있습니다.

또한 기업은 새로 합류하는 직원들이 얼마나 쉽게 적응하고 동화될 수 있는지 늘 살펴야 합니다. 시간이 갈수록 이직은 많아질 것이고, 기업은 새로 오는 직원들이 쉽게 적응하여 회사의 성장에 기여하는 인재가 되도록 만드는 문화의 개방성 정도를 통해 경쟁력을 평가하는 시대로 빠르게 나아 갈 것입니다. 새로운 경력 직원을 배척하는 폐쇄적인 문화를 가진 기업은 심각한 인력난으로 인해 성장에 한계에 부딪힐 것이 분명합니다.

이직이라는 쉽지 않은 과정을 통해 기업도 직원도 서로 성장하기를 진심 으로 바랍니다.

회장님의 한마디

기존 직원이네, 새로온 직원이네 이런 구분은 자네들이나 관심 있는 것이지. 난 관심 없어.

내가 관심 있는 것은 오직 하나야. 돈을 벌어 주는 직원인지, 돈 까먹는 직원인지.

자네는 어디에 속하나?

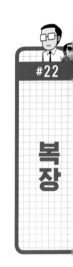

외국의 한 식품 회사에서
직원들에게 회의 때 우스꽝스러운
복장을 입도록 했습니다

그 이유는
위계 질서를
없애기 위해서였죠

덕분에 격의 없는 토론이 가능했고
전에 없던 좋은 아이디어들이
많이 나왔다고 합니다

167

"우리도 다른 기업들처럼 수평적인 문화를 채택하는 것이 어떨까요?"

"수평적인 문화요? 그건 어떻게 하는 건가요?"

"아주 간단합니다. 과장님, 차장님, 부장님, 이렇게 직급으로 부르지
않고 이름을 영어로 바꿔서 이름으로 부르고요. 상호 간에 존댓말 사
용하도록 하고요. 신입 사원부터 누구든지 발언의 기회를 주고 설사
엉뚱한 소리를 하더라도 야단치지 않으면 됩니다."

"서로 이름을 불러요? 그럼 직원들이 절 부를 때 김 상무님 안 하고 김 두수 씨~ 이렇게 부른다구요?"

"아니, 그게 아니구요. 영어 이름으로 부른다구요. 영어 이름 있으세요?"

"아뇨. 없는데요."

"그럼 그냥 상무님 영어 이름이 데이비드라고 가정해 보죠. 그럼 직원들이 상무님을 부를 때 '데이비드' 이렇게 부르는 겁니다. 처음에는 어색하고 불편하실 거예요. 하지만 익숙해지면 오히려 편하다고 생각하실 거예요."

"그런데 이거 대체 왜 하려고 하는 거예요?"

"사장님께서 지시하신 사항입니다."

김 상무는 그 말을 듣고 한숨을 푹 쉬었다. '할 수 없지 오너가 하라고 하는데 해야지.'

그렇게 새로운 제도가 공표되고 직원들은 모두 영어 이름을 지어서 이메일과 명함에 사용하기 시작했다. 그 후 김 상무는 어떻게 지내고 있는지 한번 들여다보도록 하자.

이곳은 김 상무가 주재하는 회의가 열리는 제2회의실이다.

"마케팅 1팀 신제품 출시 일정에 맞추어 준비중인 홍보 방안인 P 프로젝트에 대해 발표해 주세요."

"네. P 프로젝트는 아이디어를 서로 모아보는 과정에서 회사에 큰 매출을 가져올 잠재력이 상당히 높다는 것을 알게 되어 경험이 충분한 스티븐에게 PM을 맡기기로 했습니다.”

“스티븐? 스티븐이 누군가요?”

“○○ 프로젝트를 진행했던 나종수 씨입니다.”

“아~ 나종수 과장이 스티븐이군요. 홍보의 방향에 대해서 대략적이라도 의견을 나눈 것이 있나요?”

“최근에 제이미가 눈여겨본 인플루언서가 있는데 그분을 홍보에 적극 활용할 생각입니다.”

“제이미? 제이미는 또 누군가요?”

“성현숙 씨입니다.”

“아~ 성 대리가 제이미군요. 예산은 어느 정도로 가져갈 생각입니까?”

“기획실의 피터와 의논해 본 결과 대략 9억 정도를 할당하려고 합니다.”

“피터는 또 누구예요?”

“기획실의 주정철 씨입니다.”

　김 상무의 얼굴은 붉게 달아오르고 있었다. 새로운 문화 규정상 타인 앞에서 비속어처럼 들릴 수 있는 언어는 금지되어 있었기에 입 밖으로 내지는 못하고 속으로 혼자 입술을 열게 움직이며 혼잣말을 삼켰다.

"이런 호랑말코 같은… 아니, 왜 다 멀쩡한 이름 두고 영어로 이상한 이름들을 갖다 붙이고 난리야? 짜증나는 인간들 같으니라고! 나이 먹은 사람은 그노무 수평 뭐시기는 하지도 못하겠네, 그래!"

수평적인들 어떠하며 수직적인들 어떠하리

한동안 수직적인 조직과 수평적인 조직이 기업 내의 조직 구조를 이야기할 때뿐만 아니라 문화를 말할 때에도 자주 언급되었습니다. 대체 왜 수직적 또는 수평적인지에 대해 그렇게 많은 말들을 하는 것일까요?

기업에서 수직적인 구조는 연공서열이 정해져 있고 조직 구조에서 상하 관계로 짜인 형태를 갖추고 있습니다. 반면 수평적인 구조는 비록 결정권자가 상위에 있기는 하지만 대부분의 조직원들이 상하의 계급적인 관점으로 위치하기보다 동등한 레벨에서 일하는 구조를 갖습니다.

재미난 사실은 조직 구조의 차이가 다른 문화를 가져온다는 것입니다. 수직적인 구조에서 보이는 기업 문화는 구성원들이 상사의 지휘 하에 일사불란하게 움직이는 모습을 보이고, 관리가 비교적 용이하고 꼼꼼하게 이루어지는 등 조직 전체의 안정성이 올라갑니다. 반면 개인의 자율성과 주도성은 상대적으로 떨어지는 모습을 보이기 때문에 개인의 행동들이 능동적이지 못하고 수동적인 면모를 보입니다. 수평적인 조직 문화는 수직적인 구조의 반대 선상으로 보면 큰 무리가 없습니다. 개인의 자율성과 참여, 주도성이 높은 반면 일사불란함이나 관리의 수준이 상대적으로 떨어지지요.

수직적인 구조는 일반적으로 대기업들이 오래전부터 채택하고 있는 조직의 형태이고, 수평적인 조직은 스타트업을 중심으로 빠르게 퍼져 나가는 형태입니다. 이러한 이유로 수직적인 조직을 약간은 고리타분하게 여기고 수평적인 조직을 진보된 조직 구조라고 생각할 수 있습니다. 하지만, 꼭 그런 것은 아닙니다.

기업은 결국 실적과 성과를 추구하는 조직입니다. 어떤 사람이 이야기 했습니다. "검은 고양이든 흰 고양이든 쥐만 잘 잡으면 된다." 조직 구조는 기업의 목적을 달성하는 데 있어서 더 유리한 것이라면 그것이 수직이 됐든 수평이 됐든 가리지 않는 것이 현명합니다.

때문에 대기업도 신사업 부문에 관련해서 빠르게 스케일을 키우기 위해서 스타트업의 수평적인 조직을 도입하고 수평적 문화로 전환하는 경우가 있습니다. 관리보다 성장에 집중하는 전략으로 개인의 참여와 자율성을 높이고 각자 주도적으로 일하도록 만들어 기업이 빠르게 스케일을 키울 수 있도록 하는 것이죠. 반면, 스케일을 키우는 것에 성공한 스타트업의 경우 이미 큰 기업으로 성장하는 단계에서 성장율이 둔화되면서 관리의 중요성이 더 크게 대두되는 시기에 수직적인 조직 구조와 문화를 가져다 사용하는 경우도 볼 수 있습니다. 이처럼 수직적이든 수평적이든 기업의 필요를 채우고 목적을 달성하는 데 있어서 적합한 것을 사용하는 것이 바람직합니다.

다만, 생각이나 가치관의 변화 없이 몇몇 장치만 가져다 차용한다고 해서 해당 문화가 형성되는 것은 아닙니다. 예를 들면, 경영진이 빠르게 움직이고 관리가 용이한 수직적인 문화를 선호하는데, 젊은 세대가 수평적인 문화를 선호하니 이에 발맞추겠다며 이름만 영어로 바꾸어 직급을 빼고 부르게 한다고 해서 수평적인 문화를 정착시킬 수는 없다는 것입니다. 그럴 경우 조직 내부에 오히려 혼란만 부추기게 되는 결과를 가져옵니다.

수평적인 조직 문화는 앞선 문화가 아니라 강점과 약점이 분명한 서로 다른 문화입니다. 그렇기에 우리 기업에 맞는 것을 사용하면 됩니다. 결국 정체성과 방향이 분명한 기업을 직원들도 선호하기 때문입니다.

회장님의 한마디

수평이면 어떻고 수직이면 어떤가? 돈 벌기에 유리하면 더 좋은 거지.

쓸데없이 이게 좋네 저게 좋네 입씨름할 시간에 가서 돈이나 벌게.

지난 한 달간 근무하며 가우스 조직 문화의 근본적인 문제점을 발견했습니다

회사가 조직원들을 아이처럼 만들고 있습니다

무슨 소리야?

아이들 같다고?

이렇게 된 원인은 아시아권 기업들의 상명하복식 문화에 있다고 생각합니다

상사의 명령에 의문을 제기할 수 없고 그저 위에서 시키는 일만 잘하면 되는 조직 문화

175

요즘 내가 많이 듣는 노래가 하나 있는데 〈어른〉이라는 노래야. 어쩌면 그렇게 가사 하나하나가 너무 가슴에 와닿더라구. 그래서 자꾸 듣고 또 듣고 그래.

사람들에게 둘러싸여서 고단한 하루를 보내고 나서 혼자 남는 시간에 비로서 내가 혼자라는걸 느끼잖아. 그때 나 자신에게 말하는 거야. 내 맘 봐주는 사람은 비록 없지만 지치지 말고 잠시 멈춰도 된다. 갤 것 같지 않은 이 어둠도 내일이면 갤 거다.

어른이란 뭘까? 어떤 모습이 진짜 어른일까?

"직장 생활을 꽤 한 것 같은데 내게 주어지지 않았던 것이 참 어른이었던 것 같아. 좋은 분들은 제법 만났어. 그런데 그분들은 착했던 거지, 내가 닮고 싶은 어른은 아니었던 것 같아. 고단한 하루를 지내고 내 모습을 보면서 눈물을 떨구는 그런 삶을 살면서도 잠들지 않는 꿈을 꾸고 있는 모습 그게 바로 나 같거든. 그런데 바보 같게도 눈을 뜨면 원하는 내가 될 수 없단 걸 깨닫는 것도 바로 나인 거지. 그래서 그 노래는 나를 이야기하는 노래처럼 들려. 내가 진짜 어른이 된 건지 모르겠어. 그리고 일을 하는 동안 언제가 될지는 모르겠지만 누군가에게 어른으로 기억되고 싶어. 그 사람은 진짜 어른이었다는 말을 듣고 싶어."

이 말을 하고서 그는 잔을 비웠다.
나는 생각했다. '넌 이미 멋진 어른이야.'
어린아이는 자신이 어른이라고 생각하며 우쭐하지만 어른은 자신의 모습을 보며 부끄러워한다. 부끄러움을 알지만 그 부끄러움을 딛고 또 일어서는 너는 어른이다.

회사에서 어른이 된다는 의미

저는 직장 생활을 막 시작한 때부터 오랫동안 리더를 책임을 져주는 사람으로 이해했습니다. 드라마나 영화에서도 멋진 리더는 뒤에서 부하 직원을 야단칠지라도 공식적으로는 부하를 감싸며 자신이 그의 책임을 대신 져주는 모습을 보이는 사람으로 묘사한 경우를 종종 봤거든요.

부모는 자식을 사랑할 수밖에 없는 존재입니다. 하지만 그 사랑이 모두 같은 결과를 내지는 않습니다. 어떤 부모는 그 사랑으로 자식을 어린아이에 머물러 있도록 하고, 어떤 부모는 그 사랑으로 자식이 홀로 설 수 있는 어른으로 성장시킵니다.

기업에서 리더의 존재가 부모와 같지는 않지만 일정 부분에서 유사한 역할을 합니다.

리더는 팔로워가 성장하도록 도와서 그가 독립적으로 일하도록 만드는 사람입니다. 이 역할을 감당하면서 리더들이 흔히 하는 실수가 있습니다. 팔로워가 해야만 하는 일을 대신해 주거나 독립을 준비하는 과정을 더 쉽게 돕는다거나 혹은 기간을 단축시켜 주는 것입니다. 사람은 성장의 과정에서 필연적으로 고통과 인내의 기간을 거쳐야 합니다. 그 지난한 과정에 스스로 생각하고, 스스로 선택하고, 스스로 결정하고 스스로 책임지는 것이 모두 포함되어야 합니다. 생각, 선택, 결정 등을 대신해주는 것은 팔로워를 성장하지 못한 어린아이로 남아 있게 만드는 행동입니다.

사람을 키우려거든 스스로 생각하게 하고, 선택하게 하고, 결정하게 하고, 결정에 대한 책임을 지도록 해야 합니다. 어렵다고, 힘들다고 대신해주는 것이 팔로워를 위하는 행동이 아님을 리더는 항상 기억해야 합니다.

아끼는 사람일수록 그가 어린아이로 남아 있도록 방치하지 않아야 합니다. 어른으로 성장시켜야 합니다. 이것을 육성이라고 부르며 리더의 사명 중 가장 중요한 것이 바로 육성입니다.

회장님의 한마디

결정권을 주고 책임을 지게 해. 책임을 질 줄 모르는 사람이 바로 어린아이라고.

그러기 위해서라도 자기가 생각하고 자기가 선택해서 스스로 결정을 하게 해.

지가 결정하지도 않은 것 가지고 책임지라는 것도 웃기잖아.

신입 사원 때는
밤새는 줄도 모르고
열정을 가지고 업무를 했지

그런데 어느 정도
지나고 나니까
점점 일이 지겨워지고
하기 싫어지는 거야

그때 문득
그런 생각이 들더라고
내가 성장을
멈췄구나...

자네들 사람들이 언제
제일 즐거운 줄 아나?

언젠데요?

그건 바로 성장하고 있을 때지

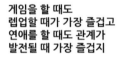

게임을 할 때도
렙업할 때가 가장 즐겁고
연애를 할 때도 관계가
발전될 때 가장 즐겁지

근데 성장이 멈추면
그때부턴 모든 게 지겨워지지
말 그대로 빨리 끝내야만 되는
'일'이 돼버리는 거야

그 뒤로 일을 할 때
조금이라도 성장하려고 노력을 했더니
일이 다시 즐거워지더라고

아...

회사에서 김 과장의 마지막 날 송별회에서 벌어진 일이다.

"강 부장님, 살면서 제가 가장 짜릿했던 순간이 언제인지 아세요?"

"언제였는데?"

"한 달 전에 제가 부장님께 사표를 냈을 때죠."

"김 과장은 그게 그렇게 좋았어? 남들 다 힘들게 해놓고?"

"힘드셨다구요? 하하하. 그게 뭐 얼마나 힘드셨는데요?"

"그걸 말이라고 해?"

두 사람의 대화를 곁에서 듣고 있던 이 대리가 급히 끼어들었다.

"부장님, 김 과장님이 취하셔서 그러는 것 같은데 신경 쓰지 마세요."

"아냐, 취중진담이라고 김 과장이 나한테 서운한 게 많은가 보네. 들어보자고."

"아니 그러니까, 얼마나 힘드셨는지 말씀해 보세요."

"김 과장도 알다시피 우리 부서 인원도 지금 타이트하잖아. 안 그래도 사람이 없는데 에이스인 김 과장이 나가니 내가 안 힘들겠어? 알면서 왜 그래, 사람이~ 에잇!"

"타이트한 게 어제오늘 일이예요? 6개월 이상 부장님께서 충원을 안 하신 거잖아요. 제가 그렇게 충원해 달라고 요청하다가 종래에는 애원을 해도 안 해주셔놓고 왜 제 탓을 하세요? 그리고 제가 에이스 맞아요?"

"그럼 김 과장이 에이스 아니면 누가 에이스겠어?"

"제가 에이스라면 왜 그렇게 절 미워하고 야단치셨어요? 왜 그렇게 일 못한다고 구박하셨어요?"

"야, 이 사람아~ 내가 왜 자네를 미워해. 그렇게 생각했다면 오해야, 오해!"

"오해라고요? 전 부장님 때문에 하루도 야단을 안 맞아 본적이 없는 거 같은데요. 칭찬은 바라지도 않습니다. 부장님께 보고하러 갈 때면 오늘은 또 어떤 일로 야단맞을까? 이런 생각만 들었는데 그게 다 오해였다고요? 그럼 제가 속이 좁았나 보네요."

"하, 정말 이 사람 취했네, 취했어."

"김 과장, 내가 신입 사원 때부터 자네를 키웠는데 왜 미워하겠나~ 자네는 내가 정성을 다 해서 키운 사람인데."

"부장님이 절 키우셨다고요? 그래요? 당사자인 저도 모르는 사이에 부장님 혼자 키우신 거예요?"

"자네 이러기야? 이제 나간다고 상사에게 이렇게 함부로 해도 돼?"

"지난 5년간 부장님은 저한테 함부로 하시고 저는 고작 10분도 함부로 하면 안 되는 겁니까? 그리고 저 이제 부장님 부하 직원 아닙니다. 근무 시간도 지났잖아요."

"김 과장, 내가 좀 심하게 군 점은 나도 미안하게 생각해. 하지만, 내가 자네를 에이스로 키우려고 그런 거잖아. 그거 하나 이해 못해?"

"네, 못해요. 도대체 절 어떻게 키우려고 그렇게 하신 건데요? 무슨 의도로 그러신 건데요?"

"자네를 강하게 키우려고 그런 거지. 주변에서 아무리 흔들어도 끄떡없는 그런 실력자로 키우려고 내가 그런 거라고. 실력뿐 아니라 멘탈에서도 강인한 사람을 만들려고 그런 거야. 자네는 어떻게 내 뜻을 그렇게 몰라주나? 서운하네, 진짜."

"아~ 제 멘탈을 강하게 만드시려고 제 멘탈을 탈탈 터신 거군요. 그걸 몰랐네요. 제가. 근데 조금이라도 좀 남겨 두셨어야 강해질 텐데 아예

제 멘탈을 뿌리째 뽑으셔 가지고 강해질 건더기가 안 남았던 건 아세
요?”

“자네가 그래도 내 덕에 회사 안에서도 인정받는 인재가 됐잖아. 안
그래?”

“네, 그렇죠. 부장님 덕에 제가 악만 남은 사람이 됐죠. 왜 그래야 하는
지 이유도 모르는 채 그저 악귀같이 버티는 생존 본능만 남았죠. 제가
성장한 거 맞아요?”

“그럼 진짜 많이 성장했지. 자네는 내 덕에 성장한 거야.”

김 과장은 강 부장과의 대화를 더 이상 이어가지 않고 한숨을 내쉬
었다.

가장 강력한 인재 육성의 방법을 알자

많은 리더들이 어떻게 하면 부하 직원을 잘 육성할 수 있을지에 대해 고
민합니다. 기업이 지속되기 위해서는 이끌어 가야 할 준비된 리더가 필요
하기에 인재를 키우는 것이 중차대한 리더의 일일 수밖에 없고 그런 리더
의 고민은 당연한 것입니다.

기업이 인재를 준비하는 방식은 2가지입니다. 하나는 외부에서 적합한
사람을 찾아 채용하는 것이고, 다른 하나는 사내에서 인재를 육성하는 것
입니다. 리더급 인재를 외부로부터 채용할 경우, 적응 문제가 크게 발생하

며 기존 멤버들과 합이 잘 맞지 않거나 기대보다 역량이 떨어지는 등 현실적으로 성공 확률이 높지 않은 것이 사실입니다. 리더를 채용했지만 실패로 돌아가 비록 단기간이라 할지라도 혼선을 겪다가 이탈하게 되면 그 과정에서 조직원들은 상당한 피로감을 느낍니다. 그렇기에 리더는 신중하게 임명해야 합니다. 따라서 기업 내부에서 시간을 두고 인재를 육성하는 것이 상대적으로 성공 가능성이 높고 조직 내 피로도가 덜한 방법이라고 할 수 있습니다.

그렇다면 인재를 육성하는 방법은 무엇일까요? 위의 사례와 같이 부하 직원에게 인내심을 길러주고 악을 키워주는 것을 성장이라고 생각하는 상사도 존재할 것입니다. 하지만 부하 직원은 그를 성장이라고 생각할까요?

기업 내에서 사람의 성장은 다양한 측면을 가집니다. 경험을 통한 전문성 상승, 문제 해결 능력의 상승, 사업 기회를 발굴하는 능력, 고객을 유치하는 능력, 제품 및 서비스를 개발하는 능력, 해외 비즈니스를 수행하는 능력 등 많은 것이 그에 해당합니다. 하지만 그러기 위해서는 기회가 주어져야 합니다.

육성을 위한 아주 단순하고도 강력한 방법은 바로 일을 직접 해 볼 수 있는 기회를 주는 것입니다. 직접 체험하는 것보다 빠르고 효과적인 방법이 없기 때문입니다. 직장 생활을 오래 하며 깨달은 것은 직접 경험할 수 있는 기회를 얻는 사람이 결국 성장한다는 것입니다. 그것은 마치 타석에 서서 배트를 휘두를 기회를 얻어야 타자로서 실력이 느는 것과 같습니다.

하지만 문제는 기업 내의 모든 사람에게 그 기회를 주기가 어렵다는 것입니다. 그렇기 때문에 육성을 하는 리더의 선택이 더욱 중요합니다. 누구에게 기회를 줄 것인지 리더는 선택을 해야 합니다. 그리고 리더의 그 선택을 통해 성장의 기회가 누군가에게 주어집니다.

결국 리더의 육성 방법은 사람을 관찰하고 평가해서 누구를 선택할 것인지 결정하고 기회를 주는 것입니다. 그 성장의 기회를 얻은 사람은 계획, 실행, 그리고 피드백을 통해 자신이 받은 기회에 대해 효과를 극대화하려는 노력을 해야 하는 것이지요.

GE의 전 회장인 잭 웰치는 이렇게 말했습니다. "지금 당신의 성공은 당신이 보이는 실적과 기여로 결정된다. 하지만 리더가 되고 나면 당신의 성공은 다른 사람을 어떻게 키우느냐에 좌우된다."

회장님의 한마디

인사 책임자, 자네는 뭐하고 있나? 왜 임원 후보자들이 이렇게 부실해?

우리 안에서 사람이 키워지지 않으면 우리 회사는 다 같이 위험해지는 거야.

우리 회사의 존망이 자네 손에 달려 있다는 걸 가볍게 생각하지 말게.

한 글로벌 기업에서는 추진하던 사업이 실패하면 실수 보고서를 내도록 하고 있습니다

실수 보고서

그 실수가 타당하고 불가항력이었다면 오히려 그 사업을 추진하던 팀을 포상하고 휴가를 보내줍니다

I Love Gaus

인간은 실패와 실수를 통해 가장 많이 배우고 성장하죠

"이게 뭔지 알죠?"

"당연히 알죠. 포스트잇이잖아요. 무슨 말을 하시고 싶어서 포스트잇을 가져오신 거예요?"

"포스트잇에는 재미난 스토리가 있거든요."

"그건 저도 본 적이 있습니다. 근데 그걸 왜 저에게 말씀하시려고 하는지?"

"세상에 실패나 실수를 하지 않는 사람은 없죠."

"그렇죠. 그러니까 부장님께서 하시고 싶은 것을 이야기해 주시죠."

"부장님께서 허 당 대리의 인사고과를 최하위로 주셨습니다. 물론 얼마 전에 큰 실수를 했다고 알고 있지만 그래도 최하 등급을 주시면 대기 발령으로 사실상 퇴출 대상이 된다는 것을 알고 계시면서도 그런 평가를 하신 것인지 궁금해서 왔습니다."

"네. 잘 알고 있습니다. 알면서 그런 결정을 했습니다."

"혹시 지난번 실수 때문에 그런 평가를 하신 것인가요?"

"네, 그렇습니다. 이미 아시겠지만 지난번에 저희 부서의 최대 고객인 ○○사의 요청에 대해 약속 기한까지 조치를 취하지 않아서 하마터면 고객사와 거래가 끊어질 뻔했습니다. 그 때문에 저희가 사과의 의미로 한시적이나마 가격을 인하해 줄 수밖에 없어서 경제적인 손실도 생겼습니다."

"네, 그렇죠. 그렇지만 부장님. 혹시 허 대리에게 기회를 한 번만 더 주는 건 어떨까요? 허 대리가 신입 채용 때는 최상위권 인재로 저희가 기대하는 사람이었기에 아쉬움이 좀 남네요."

"그럼 제가 어떻게 하는 것이 좋을까요?"

"부장님께서는 허 대리를 부서에서 제외시키기로 결정을 하신 것 같은데 맞나요?"

"맞습니다. 저희 부서에서 허 대리를 제외시키려 합니다."

"그렇다면 제가 한 가지 제안을 해봐도 좋을까요?"

"네, 말씀해 보시죠."

"허 대리의 인사고과를 최하위 등급이 아니라 차상위 등급으로 수정해 주신다면 제가 허 대리를 타 사업부로 발령 내겠습니다. 그럼 부장님은 부담스러운 고과 등급을 주실 필요가 없고 허 대리는 다른 사업부에서 기회를 한 번 더 얻을 수 있을 테니 서로에게 좋지 않을까요?"

"알겠습니다. 그럼 허 대리 대신 한 사람을 보내 주시는 거죠?"

"그럼요. 당연히 그래야죠. 혹시 원하는 사람이 있으면 몇 명 제게 알려주세요. 최대한 협조를 구해 보도록 하겠습니다."

"감사합니다. 부장님께서는 인사 책임자라서 그런지 정말 직원들을 아끼시는군요."

"그게 제 일이죠. 이해해 주셔서 감사드립니다."

그래도 실수는 실수다

여러분은 포스트잇의 탄생 스토리를 알고 계시나요? 1970년 한 사무용품 기업에서 일하던 스펜서 실버 박사는 강력한 접착제를 개발하기 위한 연구를 진행하는 과정에서 의도와는 다르게 너무 쉽게 떨어지는 낮은 접착력을 가진 접착제를 만들어냈습니다. 실버 박사는 그 결과를 버리지 않고 혹시 다른 용도로 사용할 수 있을지도 모른다는 기대로 보고를 했지만, 대부분의 사람들이 실패작이라며 무시했습니다. 오직 아서 프라이 씨만이 그 제품에 대해 관심을 가졌고 그 제품을 가지고 포스트잇을 만들어 냈습니다. 역사상 가장 성공적인 문구가 실수에서 비롯되었다는 아이러니하면서 재미난 이야기입니다. 하지만 이 이야기의 의미를 실수를 권장하거나 실수를 해도 괜찮다는 의미로 받아들이는 것은 위험한 해석입니다. 실수로 탄생한 제품이라도 관점을 바꿔서 생각해 보면 다른 용도로 사용할 수 있다는 것을 말하는 것이 더 적절한 해석이지요. 즉 실수를 실수로 끝내지 말고 실수를 통해 배우고 그것을 긍정적으로 사용하라는 의미로 받아들이는 것이 타당한 접근일 것입니다.

실수도, 실패도 의미가 중요합니다. 실수나 실패를 했다는 것은 무엇인가 시도를 했다는 것이기에 도전하고 실행했다는 점에서 긍정적으로 받아들여야 합니다. 실수나 실패 자체를 기피하거나 금기시한다면 기업은 새로운 시도를 할 수 없게 될 것이고, 결국은 정체되고 맙니다. 그렇기에 리더는 조직원들의 실수나 실패에 대해서 편협하게 받아들여서는 안 되는 것입니다.

다만, 세상의 모든 것이 동전과 같이 앞면과 함께 뒷면을 가지고 있으니 실수와 실패가 갖는 반대의 면도 살펴보아야 함을 잊지 않았으면 합니다.

1930년대 초에 미국의 한 보험 회사의 관리 감독관으로 일했던 하인리히가 고객 상담을 통해서 사고의 원인을 분석하며 찾아낸 법칙을 '하인리히 법칙'이라고 부릅니다. 이 법칙은 1회의 대형 사고가 발생했을 경우, 이미 그 이전에 29번의 경미한 사고가 발생했고, 그 주변에서는 300번 이상의 징후가 감지된다는 내용의 법칙입니다. 이를 '1 대 29 대 300'의 법칙이라고 부르기도 합니다.

하인리히 법칙에 의거하여 우리는 직원의 실수와 실패가 자칫 더 큰 사고로 이어지지 않도록 하찮아 보이는 징후까지도 세심하게 살펴보는 습관을 가져야 합니다. 이런 태도는 실수나 실패를 수용해 주는 관대함과 배치되는 것이 아닙니다. 리더는 세심함과 관대함, 그 둘 사이의 적절한 균형을 유지하는 태도를 가져야 합니다.

실수에 대해 관대하라는 의미는 본인 스스로에게 이 정도는 괜찮다며 자기 위안을 하라는 뜻이 아닙니다. 실수에 대해 철저히 반성하고 피드백하여 자칫 발생할 수 있는 더 큰 사고를 예방하고, 실수나 실패가 장기적으로 오히려 긍정적인 역할을 할 수 있도록 하라는 의미인 것이지요.

실수는 실수입니다. 기업은 직원에게 자유롭게 실수하라고 돈을 주는 곳이 아닙니다. 실수를 범했을 때, 회피하는 것이 아니라 기업과 본인에게 최선의 방안이 무엇인지 고민하고, 실수를 만회하기 위한 시도만이 프로의 모습입니다.

회장님의 한마디

난 실패했다고 자르지는 않아. 아마 앞으로도 그런 일은 없을 거야.

다만, 실패를 통해서 나아지는 게 없는 것은 다르지.

개선에 기여하지 못하는 실패에 왜 내 돈을 써야 하지? 미안하지만 내겐 그럴 돈이 없어.

회사의 힘

난 정말 내가 대단한 사람이 된 줄 알았어

몇십 몇백억 짜리 계약을 내 손으로 척척 하고

만나는 사람들은 다들 기관장 아니면 회사 대표

잘부탁 합니다

근데 그건 내 힘이 아니라 회사의 힘이었어

196

사장이 김 이사를 호출했다.

"김 이사, 대체 이게 무슨 일이야?"

"어떤 일로 그러시는지요?"

"최 차장이 사직서를 냈다면서? 사실이야?"

"아, 예, 사실입니다. 제가 설득 중에 있습니다."

"대체 왜 그만두겠다고 하는데?"

"글쎄, 저도 잘 모르겠습니다. 자세한 이야기를 안하네요."

"최 차장이 빠져도 괜찮은가? 자네 생각은 어때?"

"타격은 있죠. 일은 똑 부러지게 하는 친구니까요. 하지만, 몇 달 지나면 기존 멤버들로도 충분히 회복할 수 있다고 봅니다."

"그래? 최 차장 없이도 잘 해 나갈 수 있다는거지?"

"그럼요. 저희가 그래도 업력이 있고 멤버들도 탄탄한 편이어서 큰 문제는 없다고 생각합니다."

"그럼 우리가 최 차장을 꼭 붙잡아야 할 이유가 없는 거네."

"사장님, 그래도 가능하면 최 차장이 남는게 좋긴 하죠. 굳이 어려운 길을 갈 필요는 없으니까요."

"그래, 김 이사가 잘 설득해봐."

"알겠습니다. 제가 잘 설득해 보겠습니다. 너무 염려하지 마십시오."

"알았네, 수고하게."

김 이사는 자리로 돌아와 생각했다.

'큰 고객들은 거의 대부분 최 차장이 개척했지. 혹시 나가려는 이유가 독립해서 자기가 개척한 고객들을 다 가져갈 생각은 아닐까? 그러면 이거 낭패인데. 이제 어떻게 하지? 아니야. 최 차장이 비록 고객을 많이 데려오기는 했지만 고객들이 최 차장 하나 때문에 우리와 거래를 하고 있는 건 아닐 거야. 우리의 업력과 전문성 때문에 우리가 필요해서 거래를 하는 거지, 직원 한 명 때문에 그 큰 규모의 거래를 하고

있다는 것은 말이 안 돼. 암, 그렇고 말고.'

'내가 최 차장 저 녀석에게 밀리면 안 되지. 만약 내가 여기서 밀리면 저 인간이 날 우습게 볼 거야. 안 그래도 자기가 매출에 제일 많이 기여한다고 은근히 기고만장한데, 기싸움에 밀리면 날 더 우습게 볼 게 뻔하지. 사장님도 조금 전에 그러셨잖아. 우리가 굳이 최 차장을 붙잡을 필요가 있겠냐고. 여기서 세게 나가 보는 거야. 혹시 또 알아? 내가 세게 나가면 저 인간이 꼬리를 내리고 미안하다고 할지. 시도했다가 안되면 내보내지, 뭐. 설마 별일 있겠어?'

김 이사는 최 차장을 불러서 둘이 마주 앉았다.

"최 차장, 퇴사하려는 진짜 이유가 뭐야?"

"당분간 좀 쉬었다가 제 일을 시작해 보려고 합니다."

"자네 여기서 그동안 쌓아온 경력이 아깝잖아. 1~2년만 더 하면 부장 승진도 할거고, 임원으로 승진할 수도 있을 텐데 말야."

"전 승진에 대한 욕심이 별로 없습니다. 그냥 제가 하는 일이 좋고 이제는 혼자서도 할 수 있을 것 같은 생각이 들어서 도전하려고 하는 거죠."

"자네가 아직 젊어서 잘 모르나 본데, 자네 명함에서 회사 이름이 없어지면 낙동강 오리알이야. 지금이야 회사라는 배경 덕분에 자네가 능력이 있어 보이는 거라고. 퇴사하게 되면 자네가 지금까지 누린 회사라는 배경의 힘을 더 이상 누릴 수가 없어요. 그게 얼마나 무서운 건지 자네가 너무 쉽게 생각하는 것 같아서 난 솔직히 걱정돼~ 그러니까 다시 생각해 보는 게 어때?"

"걱정해 주시는 것은 감사하지만, 제 일은 제가 알아서 하도록 하겠습니다."

"이 사람이 상사가 걱정해 주면 고맙다고 하고 다시 생각해 보겠다고 해야지, 무슨 말이 버릇없이그래?"

"제가 왜 다시 생각합니까~? 전 제 능력에 맞추어 돈을 벌던 굶던 독자적으로 해보겠다는거죠. 그런 각오 쯤은 되어있으니까 염려마시고 제가 누구에게 인수인계하면 될 지 그거나 정해 주세요."

김 이사는 최 차장을 째려보며 버릇이 없다고 호통을 쳤다. 그 소리를 듣고서 최 차장은 한숨을 내쉰 후 일어나서 자리를 떴다.

최 차장은 왜 능력을 인정받고 있으면서도 퇴사를 결심했을까? 혹시 짐작이 가시나요?

자신이라는 브랜드를 키워라

회사 안에서 이런 말을 너무나 자주 들었습니다. "명함에서 회사 이름이 지워지면 남는 게 뭐 있는 줄 알아? 계급장 떼고 현실과 마주하면 비로소 자신의 실체를 알게 된다고."

퇴사하고 명함에서 기업의 이름이 지워지면 직원 개인은 아무 것도 아닌 존재로 추락한다는 것을 모르는 사람이 있을까요? 너무나 일반적이고 광범위하게 퍼진 사실이라 생각보다 많은 사람들이 동의하고 이런 상황에 대해서 막연히 두려움을 품고 있습니다.

하지만 기업 입장에서 이는 그리 나쁜 것이 아닙니다. 기업이 개인과 비교해서 절대적인 힘을 가지고 있고, 그렇기에 기업을 떠나서는 개인이 별 볼 일 없는 존재로 추락한다는 사실이 그리 나쁘지는 않다고 느낄 수 있습니다. 아니, 오히려 그 점을 많은 기업들은 자신에게 유리하게 이용하기도 합니다.

하지만 저는 다른 생각을 가지고 있습니다. 바른 경영관을 가진 기업이라면 리더를 육성하는 사관 학교가 되어야 한다고 생각합니다. 우리 기업사를 보아도 초기의 많은 기업들이 그 길을 걸었습니다.

직원을 채용할 때부터 그가 업계와 산업 및 국가의 대들보로 어느 곳이라도 비즈니스를 일으키는 실력 있는 리더로 성장하기를 기대한다면 더 걸출한 리더들이 배출될 것입니다.

기업들이 육성할 핵심 인재는 어떤 모습일지 구체적으로 정리해 보았습니다.

1) 이탈 시에 회사의 성과에 큰 영향을 주는 직원

2) 경쟁사로 이동 시에 당사에 타격을 주는 직원

3) 외부에서 독자적으로 비즈니스를 일으켜 우리와 경쟁할 수 있는 직원

어떤 기업들은 이런 인재를 원하면서도 만일의 경우에 위험 요소로 변할 수 있다는 생각 때문에 그가 회사에 계속 근속할 것이라는 전적인 확신이 들지 않는 한 육성을 위한 투자를 하지 않습니다. 하지만 탁월한 기업들은

이런 인재를 가능한 더 많이 배출합니다. 그들이 키운 인재들이 대한민국 곳곳에서 기업을 성장시키는 능력을 발휘하는 꿈을 꾸었고, 그 꿈이 현실이 되도록 치열하게 노력해 왔죠. 그것이 선배들이 보여준 헌신이었고 그러한 노력 덕분에 많은 분야에서 글로벌 일등이 될 수 있었습니다.

진정한 리더라면 직원들의 명함에 새겨진 회사의 이름의 힘을 자랑하기보다 그들이 스스로 자신의 이름의 힘으로 비즈니스를 만들어 갈 수 있는 준비를 하도록 자극하고 독려해야 합니다. 또한 모든 직원들은 자기 자신을 하나의 브랜드로 생각하고 가꾸어야 합니다. 기업의 밝은 미래를 만들어 가기 위한 열정과 동시에 자신의 이름이라는 브랜드가 만들어 갈 미래 또한 그릴 수 있기를 바랍니다.

회장님의 한마디

김 부장, 우리 간부들 퇴사하면 뭐하고 사나? 설마 돈 좀 벌었다고 놀면서 사는 건 아니겠지?

요즘은 그런 생각이 들어. 회사에서 나가서 지 사업 만들어 키우는 친구가 진짜 인재였구나 하는 그런 생각 말이야.

나에게 사업을 배웠는데 자기 사업 하나 못한다면 내가 잘못 가르친 거니까.

일만 시키지 말고 진짜 사업도 회사에 있을 때 좀 가르쳐. 혼자서도 뭐든 할 수 있게.

디자인은
더하는 것이 아니라
빼는 것이다

지적인 바보는
문제를 더 크고
더 복잡하게,
더 심각하게 만든다

- 아인슈타인 -

기존에 제품 개발은
경쟁사보다 하나라도 더
기능을 넣는 데
집중했습니다

하지만 평생 써 보지도 않을 기능들을 잔뜩 넣어놓고 가격을 올리는 것을 과연 사용자가 좋아할까요?

때문에 이번 2022년식 모델에선 불필요한 것들을 과감하게 빼버렸습니다

이것이 바로 2022년식 베이직3

"사장님은 직원들에게 궁극적으로 바라는 것이 무엇입니까?"

"사업을 잘해서 돈 잘 버는 회사로 키워 주길 바랍니다."

"그렇군요. 그럼 직원들은 그것을 알고 있나요?"

"아마 알고 있겠죠."

"제가 파악한 바로는 직원들 대부분이 자기 업무의 약 50%의 비중이

보고서를 작성하는 것이라고 하는데, 그것이 사장님의 뜻인가요?"

"왜 그렇게 시간을 많이 사용하고 있죠?"

"그게 현실입니다. 그게 사장님의 의도인가요?"

"아니요. 그렇지 않습니다. 저는 직원들이 더 많은 시간을 영업 현장에 나가길 바라고 고객들을 만나길 바랍니다."

"그렇군요. 그렇다면 보고서를 줄여야 하지 않을까요?"

"그건 좀 어렵습니다. 보고서를 통해 제가 상황을 파악해야 하니까요."

"그럼 직원들이 고객을 만나고 영업 현장에 나가는 시간이 지금처럼 유지되어도 괜찮습니까?"

"그건 아닙니다. 직원들은 더 많은 시간 고객을 만나야 합니다."

"그럼 직원들은 야근을 해야겠군요."

"꼭 그래야 하나요? 필요하다면 야근도 해야겠죠."

"야근을 자주 하면 직원들의 피로도가 높아져서 고객을 만날 때 집중이 어려울 텐데 그래도 괜찮습니까?"

"고객을 만나는데 집중을 안 하는 것은 절대 안 될 일이죠. 최선을 다해서 집중, 또 집중해야죠."

"하지만 야근 때문에 직원들이 피곤해서 그런다면 어떤 해결책이 있죠?"

"보고서를 더 빨리 쓰면 되겠네요."

"그럼 사장님께서는 직원들이 더 부지런해야 한다고 생각하시나요?"

"그러면 좋죠."

"직원들에게 그렇게 요구해 보신 적이 있으세요?"

"아니요. 늘 바쁜 친구들에게 그런 요구를 할 수는 없죠."

"그럼 보고서를 더 빨리 쓰는 것은 현실적으로 어렵다는 말씀이신가요?"

"꼭 그렇지는 않을 수도 있죠."

"그게 무슨 말씀이신가요?"

"지금도 바쁜 건 사실이지만 그렇다고 도저히 더 할 수 없다고는 생각하지 않아요."

"그런데 왜 더 하라는 말씀을 직원들에게 하지 않으셨어요?"

"그걸 꼭 말해야 아나요? 스스로 자기 일처럼 해야죠."

"그럼 사장님께서 직원들에게 가장 바라시는 것은 직원들이 자기 일처럼 더 빨리, 더 많이 하는 것입니까?"

"맞아요. 그거죠. 저는 그걸 바랍니다."

집중을 위한 조건은 단순화다

정말 중요하다고 생각되는 것이 있다면 그에 집중해야 합니다. 집중을 방해하는 것이 있다면 그것을 제거해야 합니다. 중요한 것을 위해 상대적으로 덜 중요한 것에 투입된 자원을 빼내어 중요한 것으로 분배를 조정하는 것을 집중이라고 부릅니다.

집중은 오직 빼는 행위를 통해서만 이루어집니다.

우리가 아는 대부분의 위대함은 단순함으로 특정 포인트에 집중한 것들입니다. 1세대 아이폰은 하단에 있는 단 하나의 버튼으로 디자인을 극단적으로 단순화했지만 핸드폰의 역사를 바꾸었습니다. 명예의 전당에 이름을 올린 명품 의자라고 알려져 있는 허먼밀러 의자는 가장 편안하게 허리를 지지해 주는 기능성에 집중했습니다. 볼보는 승객의 안전을 최우선으로 생각하는 안전함에 집중했습니다.

이처럼 단 하나의 강점에 집중하고자 부수적인 것들을 빼는 것이 성공적인 제품들의 특징이지요.

그렇다면 여러분은 어떤가요? 본인 자신을 하나의 브랜드라고 가정한다면 무엇에 집중하기를 원하나요? 여러분이 가지고 있는 강점들 중 집중하고 싶은 단 하나는 무엇인지 생각해 보아야 합니다. 그것을 파악하고 선택해서 여러분의 노력을 그 하나에 집중하는 과정을 오래 반복하면 여러분이 아이폰이 되고 여러분이 허먼밀러 의자가 되고 볼보의 차가 되는 것입니다.

내가 집중할 단 하나의 강점을 더욱 강화하기 위해 자원을 반복적으로 투입하는 것이 바로 '퍼스널 브랜딩Personal Branding'입니다. 퍼스널 브랜딩은 이처럼 단순화와 집중을 꾸준히 실천하는 것을 통해 이루어집니다.

회장님의 한마디

최 이사, 자네는 대체 오른팔이 몇 개야? 이 사람 저 사람에게 "자네는 내 오른팔이야"라고 말하고 다닌다고 하던데 그러지 말게. 오른팔은 하나만 두는 거야. 오랜 세월 살면서 내가 지켜보니 어떤 하나에 집중하는 사람은 진짜 그걸 하고 싶은 진심이 있더군. 사람도 마찬가지라네.

영국 지사에서 잠시 출장 나온 후배이자 현재 영국 지사장인 허욱
(Hur UK) 대표를 만났다.

"선배님, 잘 지내셨죠?"

"나야 아주 잘 지내고 있지. 허 대표는 어떻게 지냈어?"

"영국 지사에서 적응하느라 힘이 들기는 하지만 잘 지내고 있습니다."

"그래도 허 대표를 부러워하는 사람들이 엄청 많아. 아무나 영국에 가는 건 아니잖아. 하하!"

"저도 좋은 기회를 얻은 것에 감사하며 지내고 있습니다. 선배님."

"그런데 적응이 어떻게 힘든데?"

"저는 그냥 단순하게 문화적 차이가 좀 있겠지 정도만 생각하고 가서 안 맞는 부분은 차츰 맞춰 가며 일하다 보면 괜찮겠지. 사람이 달라봐야 얼마나 다르겠나 그렇게 여겼어요."

"응, 그런데?"

"회사에서 영국 직원들과 일하면서 가장 힘든 부분이 제가 나름 영어를 한다고는 해도 모국어처럼 아주 능숙한 것은 아니잖아요. 그런데 이 친구들이 제게 메일을 보내거나 보고서를 작성해 오면 이해하기가 쉽지 않아요."

"그래? 왜 그러지? 자네 영어 실력 좋잖아. 더구나 글로 써서 오는 것은 읽으면 이해될 텐데?"

"그러니까 미칠 노릇이죠. 한국에서는 저희들이 신입 때부터 상사에게 보고를 할 때는 두괄식으로 하라고 배우잖아요. 그런데 영국 직원들은 결론을 이야기를 안 해요."

"뭐라고? 결론을 이야기를 안 하는게 그게 무슨 보고서야?"

"그러니까 미치겠다는 거 아니겠습니까?"

"어떻게 보고서를 작성해서 오는데? 자세히 말해 봐."

"결론은 잘 보이지도 않게 끝부분에 이럴 때는 이래야 하고 저럴 때는 저래야 한다는 식으로 두루뭉술하게 작성해요. 앞부분에는 길게 배경 설명을 구구절절 하고요. 그러니 제가 보고서 하나 읽으려고 해도 거의 반나절이 간다니까요. 그렇다고 대충 읽고서 그룹과 의사소통을 할 수도 없고요. 중간에서 제가 아주 곤란하기도 하고 힘들기도 하고 그래요."

"그럼 결론부터 보고하라고 지시하면 되잖아."

"안 했겠습니까? 당연히 했죠. 그런데 그 사람들에게는 그게 쉽지 않은가 봐요. 자기가 생각한 이유와 근거가 있는데 그걸 설명하지 않고 어떻게 결론부터 말하냐고 해요. 결론부터 말하면 왜 그런 결론을 냈는지 당신이 알 수 있겠냐고 대답해요. 그리고 결론도 가정되는 상황에 따라서 바뀔 수도 있는데 그 상황을 설명하지 않고 결론을 어떻게 말하냐고 따져요."

"아이고~ 한편으로는 맞는 말 같기도 한데 아무튼 의사소통이 쉽지는 않겠다."

"문제는 그룹입니다. 제가 이런 이야기를 하면 핑계를 댄다고 생각하는 것 같아요. 제가 왜 이런 이야기를 하겠어요? 당연히 그룹에는 해외 쪽 전문가들도 있고 하니 도와 달라는 뜻으로 하는 거죠. 그런데 도와주지도 않고 자꾸 저한테만 짜증을 내요. 어떤 때는 괜히 영국으로 나왔나 하는 생각도 든다니까요."

"그룹에서는 뭐라고 짜증을 내?"

"현지인들을 잘 관리하라는 거죠. 그룹의 방식에 맞춰서 보고나 의사소통을 하라고 푸쉬하라는 거예요. 하아, 그런데 그게 어디 쉽나요? 현지인들 없이는 운영이 사실상 어려운 게 현실이잖아요."

"그거야 그렇지."

"사실, 그거 때문에 현지인 매니저들을 야단친 적이 있습니다. 그런데 달라지는 것도 없이 그들과 사이만 나빠지더라고요. 그래서 이제 제가 좀 더 고생하면 된다는 마음으로 그 사람들이 하는 보고를 더 집중해서 보고 있습니다."

"그래. 잘 생각했어. 허 대표가 고생이 많아."

미괄식 보고와 친해져라

누군가와 이야기를 나눌 때 이런 생각 한 번쯤 해본 적 있으실 겁니다.

"그래서 하고 싶은 말이 뭐야?"

회사 생활을 오래 하다 보면 어느 순간 이렇게 결론부터 말하는 '두괄식 보고'만이 정답인 것처럼 느끼게 됩니다. 그런데 두괄식으로 하는 보고만이 잘하는 것이고 미괄식으로 하는 보고는 잘못하는 것일까요?

두괄식과 미괄식은 글이나 보고에 논리를 담는 방식일 뿐입니다. 두괄식은 핵심 메시지와 결론을 앞부분에 담는 것인 반면, 미괄식은 뒷부분에 담는 방식인 것이지요.

두괄식이든지 미괄식이든지 결론과 핵심 메시지는 담겨야 합니다. 특히 업무나 사업과 관련된 글이나 보고는 핵심 메시지가 반드시 존재해야 합니다. 즉 핵심 메시지가 별 볼 일 없으면 두괄식이던 미괄식이던 아무 소용없다는 의미입니다. 이것이 가장 우선되어야 한다는 사실을 잊어서는 안 됩니다.

잘 생각해 보면, 두괄식이 왜 더 각광을 받게 되었는지는 쉽게 이해가 됩니다. 우리 모두는 바쁘고 시간이 없기 때문입니다.

미괄식의 경우 차근차근 시간을 가지고 기승전결의 순서대로 따라갑니다. 말하는 사람의 논리와 그 이유를 설명하며 순차적으로 결론에 이르기 때문에 미괄식은 두괄식보다 당연히 시간과 노력을 더 필요로 합니다. 하지만 두괄식은 처음부터 바로 결론을 말하고 그 뒤에 이유를 이야기합니다. 우리가 알고 있듯이 상사를 배려하는 보고는 두괄식인 경우가 많습니다. 왜일까요? 상사는 할 일이 많고 바쁘기 때문이지요.

그렇다면 잘 생각해 봅시다. 보고는 오직 상사만을 위해 하는 것입니까? 그 업무를 진행하면서 연구하고 고민하며 시간과 정성을 다해 준비한 직원들의 모습을 보면 그가 어떤 생각과 마음으로 무엇을 어느 정도 했는지 궁금해야 정상 아닙니까?

"그래서 결론이 뭐야?" 이는 아주 무례한 태도입니다. 부하 직원을 육성할 책임을 가지고 있는 상사라면 최소한 부하 직원들이 무엇을 했는지, 어떤 방식으로 이를 진행했는지에 대해 궁금해 하고 이를 위해 시간을 투자해야 합니다. 또한 듣고 난 후 상사로서 피드백을 제공해야 합니다. 부하 직원이 그저 "이번 보고는 통과됐어." 혹은 "상사가 다시 하래."처럼 결과만 보고 기뻐하고 낙심하는 최종 점수로 평가받고 끝나는 그런 방식으로는 부하 직원이 건강하게, 그리고 훌륭하게 성장하지 못합니다.

프로 축구 구단에서 감독은 선수가 골을 몇 개 넣었는지만으로 잘했는지 못했는지 결론짓지 않습니다. 독단적인 플레이를 했는지, 팀에 기여를 했는지, 약속된 플레이 중 놓친 것은 무엇인지, 골은 넣었으나 전체적인 내용은 나쁘지 않았는지, 안 좋은 플레이 습관을 반복하지 않았는지, 체력적으로 문제는 없었는지, 경기의 흐름을 따라갔는지 아니면 방해했는지 등 다각도로 평가하며, '득점'이라는 결과만으로 평가하지 않습니다. 결과도 물론 중요하지만, 결과만으로는 그 선수를 다 알 수 없습니다. 과정과 흐름을 돌아보고 피드백을 해야 올바르게, 그리고 건강하게 육성할 수 있는 것이지요.

두괄식 보고는 그런 약점을 갖고 있는 보고 방식입니다. 결론만을 들으려 하는 상사로부터 무엇을 어떻게 배울지 의문입니다. 부하의 말을 수시로 끊으며 "됐고~ 결론만 말해!"라고 소리치는 상사가 어떻게 부하를 키울 수 있을지 짐작조차 어렵습니다.

그렇기에 상사가 된 당신에게 미괄식 보고를 듣는 것에 친숙해지라고 권하고 싶습니다. 당신이 원하는 속도와 방식이 아닌 부하 직원을 더 잘 이해할 수 있는 속도와 방식을 따르라고 말하고 싶습니다.

회장님의 한마디

최 이사~ 바쁜 게 자랑이야? 임원씩이나 되서 부하 직원들 이야기를 차근히 들을 여유조차 못 낸다면 그건 자랑이 아니라 부끄러운 일이야. 당신 성과를 누가 올려주는지 아나? 당신 부하 직원들이 당신 잘리지 않게 성과를 올려 주는 친구들이잖아~ 왜 고마움을 몰라? 걔네들 이야기를 잘 듣고 일 더 잘할 수 있게 필요하다는 것을 해주는 게 당신이 할 일이야.

안정감

모든 회사들이
창의적이고 도전적인
직원을 원하고 있습니다

하지만 회사가
직원을 보호해주지 않으면
창의적이고 도전적인 인재는
나올 수가 없습니다

최근 영국쉐필드대학교의
연구에 따르면
안정감을 느껴야 도전 정신이
강해진다고 합니다

도전적이고 실험적인 인재를 원한다면 회사가 그 바탕을 마련해 주어야 하는 것이죠

맞아 뭐하나 잘못하면 잘릴까 걱정해야 되는데 누가 도전을 하겠어

그러니까요 요즘 같은 회사 분위기면 다들 납작 엎드려서 시키는 일만 하게 되죠

위기라 도전해야 하는데 위기라 안정감이 없고 아이러니야

안정감이 도전의 바탕이 된다는 말은 정말 경영진이 귀담아 들어야 돼요

최근 J사에서 직장인 1천 명을 대상으로 실시한 설문 조사에 따르면 전체 인원의 약 80%가 직장 생활 중에 위기감을 느낀다고 답했다. 직장인이 꼽은 위기감 중 상위권을 차지한 것들을 구체적으로 열거하면 다음과 같다.

1위 언제까지 다닐 수 있을지 모르겠다 …… 52%

2위 몇 살까지 일할 수 있을지 모르겠다 ····· 44%

3위 이대로 있어도 괜찮을지 모르겠다 ····· 34%

4위 우리 회사가 안전한지 모르겠다 ····· 22%

5위 성과가 안 나오고 있어서 불안하다 ····· 11%

　상위 5개 중에서 회사에 대해 걱정하는 것 즉, 회사의 안정성을 걱정하는 대답은 하나에 불과하고 나머지 네 개는 모두 '내가 잘할 수 있을까'와 같이 자기 답변자 본인의 불안과 관련된 답변이다.

　그렇다면 직장인들은 왜 불안할까? 그 불안감의 기저에는 무엇이 깔려 있는 것일까? 자신이 안전하다고 느끼면 더 자유롭게 도전을 한다는데 어떻게 해야 안전함을 느낄 수 있을까?

　그런데 내가 가장 잘하는 것 중 하나가 질문을 역방향으로 해보는 것이다. 그렇게 하면 생각해 보질 않았던 관점으로 사물이나 상황을 보게 되기 때문이다. 이러한 역방향 질문을 통해 고정되어 있던 시야가 트이는 경험을 할 수 있다.

　누군가가 당신에게 물었다.

"네가 10년 넘게 직장 생활을 하는 동안 정말 100% 안전하다는 생각을 한 적이 있어?"

"아니, 그런 적은 없었던 것 같아."

"네가 인사고과를 잘 못 받았니?"

"아니, 거의 항상 잘 받았고 몇 번은 최고등급으로 탁월하게 받았지."

"그런데도 100% 안전함을 못 느꼈어?"

"그때는 높은 평가를 받았지만 평가는 늘 달라지는 것이고 상사에 따라서도 얼마든지 다르게 평가할 수 있으니까 그걸 다 믿을 수는 없지."

"그렇구나. 말이 된다. 하지만 너처럼 인정받는 최고의 인재도 안전하다고 느끼지 못한다면 도대체 누가 안전하다고 느낄 수 있을까?"

"나도 안전함을 느끼기 위해 무엇을 어떻게 해야 하는지 모르겠다. "

"그래서 결과적으로 이 질문이 떠오른다는거지. 우리가 경제활동을 하는 동안 100% 안전함이라는 것이 있을까?"

"음⋯. 없는 것 같아. 세상에는 100% 안전함이라는 것 자체가 없어. 안전한 직장에 들어가도 자신이 안전하지 않을 수 있기에 불안하고, 안전하지 못한 직장에 들어가면 회사가 불안하기 때문에 불안하고 내 사업을 한다고 해도 불안하고, 안 하면서 직장 생활을 해도 미래가 불안하고⋯."

"그것이 세상이 아닐까?"

"그렇다면 우리는 어떻게 해야 하는 걸까?"

"그 대답을 우리가 찾아야지!"

답은 네 안에 있다

우리가 살고 있는 세상에 안전함이라는 것이 있기는 한 것일까요? 곰곰이 생각해 보면, 저는 직장 생활을 33년 이상 했지만 단 한 번도 안전함을 느낀 적이 없습니다. 물론 제가 다녔던 기업들이 많은 경우 턴어라운드 상황(회생 경영)에 있었기에 그럴 수도 있을 것입니다. 하지만 그러한 점을 감안하더라도 여전히 우리가 사는 환경이나 우리가 다니는 직장에서의 환경도 안전하다고 보기는 어렵습니다. 어찌 보면 우리는 불안이 일상화된 세상에서 살고 있습니다.

그렇다면 우리는 불안하기 때문에 도전이나 실험을 하지 않고 살아야 하겠지만 그렇지는 않습니다. 도전 정신과 실험 정신은 안전함을 느낄 때 더 활성화되는 것이 일반적일 수도 있습니다. 하지만 이는 환경보다는 개인의 기질이나 선택과 더 깊은 관련되어 있는 것이 아닐까 싶습니다.

다시 말하자면 똑같이 불안한 환경에 있더라도 어떤 사람은 대담한 도전과 실험을 합니다. 그들이 도전과 실험을 하는 이유는 안전함의 유무와 상관없이 그 자체로 삶에 의미가 있기 때문입니다.

기업도 이와 똑같습니다. 무엇인가 미지의 분야에 도전을 하고 새로운 방식을 실험한다는 것은 기업에게는 때로 위험한 선택일 수도 있으나 그런 선택을 하는 기업들이 많습니다.

우리나라의 기업의 역사를 보면 안전 대신 도전을 시도한 경우가 아주 많습니다. 삼성전자가 반도체 분야에 도전을 한 것도, 현대차가 프리미엄 차 시장에 도전을 한 것도 이와 같습니다.

개인도 기업과 별반 다를 것이 없습니다. 우리가 다니는 직장이 안전하기에 도전이나 실험을 하는 것이 아니라 이러한 것들이 우리에게 중요한 가치이기에 하는 것이지요.

도전과 실험은 선택입니다. 조건이 맞을 때 당연히 나오는 반응이 아니라 당신이 대가를 감수하고도 하고자 하는 의지와 강하게 관련되어 있습니다. 그렇기에 도전과 실험이 소중한 것입니다.

자, 당신은 어떤 목표에 도전하고 싶나요? 당신은 어떤 새로운 것을 실험하고 싶나요? 불안과 불확실성을 이기고 선택하는 도전이 당신을 리더의 세계로 인도할 것입니다.

회장님의 한마디

도전 없이 만들어진 기업이 어디에 있어? 실험 없이 얻어진 성장이 있을까?

세상도 미래도 늘 미지수야. 그렇다고 멈추지는 않아. 안개가 깔려도 길을 나서는 이유는 꼭 가야 할 목표점이 있기 때문이고 이유가 있기 때문이야.

환경이 문제가 아니라 자네가 문제인 거야. 그러니 답도 자네 안에 있겠지.

나 이번에 연금 깨야 할 거 같아

연금을요?

첫째 시집 가는데...
어디 목돈 나올 구멍이
있어야지

아니 그럼 나중에
노후는 어떻게 하시려고...

뭐.. 노후야 뭐
어떻게든 되겠지

225

요즘 연금 해약률이 엄청 높아졌대요...

불경기는 불경긴가봐 현재를 위해 미래의 안정을 포기해야 한다니...

뭐 어떻게든 되겠지 일단 눈앞에 일 막고 봐야지

잘 될 거예요 너무 걱정하지 마세요

지금 연구 개발 비용을 줄이고 마케팅비를 늘리는 건 미래를 포기하는 일입니다

하지만 당장 매출이 나지 않으면 주가가 폭락한다고

인사 책임자가 초조하고 망연자실한 얼굴로 사장실에서 나왔다.

"왜 그래요? 내가 지금 보고 들어가야 하니까 나와서 갈게요. 얘기 좀 합시다."

"그래요. 얼른 들어가서 보고 하시고 이따 만납시다."

보고를 마치자 시간이 제법 흘러 인사 책임자와 모처럼 저녁 식사를 하기로 했다.

"부장님, 오늘 무슨 일인데 표정이 그렇게 안 좋았어요?"

"후우~ 그러게요. 난감하네요."

"무슨 일인지 모르겠지만 비밀을 지킬 테니 말씀해 보세요"

"오늘 사장님이 호출하셔서 가보니, 참⋯. 이거 난감한 말씀을 하시더군요."

"어떤 말씀을 하셨는데요?"

"우리 회사가 패션 기업이잖아요. 그러면 패션 기업의 가장 핵심적인 기능이 뭐겠어요? 당연히 디자인과 비주얼 마케팅이잖아요."

"그렇죠. 당연한 말씀이죠."

"그런데 지난 분기의 실적이 더 떨어져서 여차하면 적자로 돌아선다고 역정을 내시면서 전체 직원들의 월급 리스트를 가져오라는 거예요."

"그래서요?"

"디자인실과 비주얼 마케팅 팀의 월급이 왜 이렇게 높냐고 역정을 내시더군요."

"아니 그걸 모르셨나요? 이해가 안 가네요."

"아니, 제 말이 바로 그겁니다. 어제 오늘 일도 아니고 갑자기 처음 보는 일인 것처럼 그러더군요."

"그래서 뭘 어떻게 하신답니까?"

"이건 절대 비밀을 지키셔야 합니다. 부장님과 저만 알고 있어야 해요. 안 그러면 큰일 납니다."

"당연하죠. 제가 언제 말을 흘리는 것을 보신 적 있으세요?"

"그럼 믿고 말씀 드릴게요. 디자인 부서와 비주얼 마케팅 팀을 대상으로 구조 조정을 하라고 하시더라고요."

"예? 그게 무슨 말도 안 되는…"

"그러니 제가 얼마나 지금 황당하겠어요."

"경쟁사들과 비교해도 우리 디자인실이나 비주얼 마케팅 팀의 규모는 작으면 작았지, 절대 크지 않은데 이게 무슨 말도 안 되는 지시죠?"

"그러니까 말입니다. 우리 같은 프리미엄급 여성복 기업은 디자인과 비주얼이 생명인데, 그거를 아낀다는 게 말이 됩니까? 근데 그런 지시를 내리니 제가 어떻게 해야 할지 모르겠습니다."

인사 부장과 나는 한동안 아무런 말도 할 수가 없었다. 새로운 시즌 상품은 이미 기획이 끝나 있기에 디자인실이나 비주얼 마케팅 팀의 규모가 줄어든다고 해도 당장 큰 영향은 없을 것이다. 그러나 다음 시즌에는 당연히 디자인 수준이나 마케팅의 수준이 저하될 것이 뻔했으므로 회사가 괜찮을지 걱정이 앞서기 시작했다. 대체 사장은 어떤 대안을 가지고 이런 요구를 하는 것일까?

"사장님은 그 후에 어떤 대안을 가지고 있다고 하나요?"

"대안은 무슨 대안이요! 그냥 줄이는 거지, 무슨 대안이 있어요. 아무런 대안이 없습니다. 그냥 비용이 다른 부서와 대비해서 높으니까 무조건 줄이라고 하시는 거죠."

"하하하! 너무 어처구니가 없으니 웃음만 나오네요."

현재와 미래를 동시에 보라

리더는 선택을 하고 합리적으로 의사 결정을 하는 사람입니다. 선택은 단기간 내에 결과가 즉각 나타나는 선택과, 비교적 더 많은 시간이 지나야 결과가 나타나는 선택이 있습니다.

리더가 가장 빠지기 쉬운 함정과 유혹이 바로 여기에 있습니다. 오랜 시간이 지나야 결과가 나타나는 선택을 하는 경우 그 결과가 나타날 때까지 인고의 시간을 보내는 것이 보통입니다. 하지만 많은 리더들이 그런 인내의 시간을 기피합니다. 단기간에 결과가 나타나는 선택과 의사결정을 더 선호한다는 것입니다.

사례에 등장한 경우를 가지고 결과를 유추해 볼까요?

사장은 당장 디자인실과 비주얼 마케팅 팀의 비용을 줄임으로써 실적 하락을 일부 막는데 성공할 수 있을 것입니다. 그러면 실적에 따른 본인의 인센티브를 지킬 수 있겠지요. 실적이 생각보다 잘 나오면 승진을 할 수도 있고 때로는 타사로부터 스카우트 제의도 받을 수 있을 것입니다. 그가 새로운 기회를 잡아 다른 기업으로 이직을 했다고 해보죠.

그 후 이 기업에는 어떤 일이 생길까요?

지금 당장 눈에 보이는 결과만을 중요시하는 리더가 기업을 위기에 빠뜨리는 경우를 많이 봅니다. 그와 대조적으로 먼 미래를 너무 과대평가해서 지나치게 미래 지향적인 의사결정을 함으로써 조직을 위기에 빠뜨리는 경우도 존재합니다.

리더는 지금의 결과를 만들어야 하지만 동시에 미래의 결과까지 생각해야 합니다. 리더에 대한 진정한 평가는 지금의 결과만이 아니라 미래의 결과까지 이어져야 하는 이유가 여기에 있습니다.

리더는 현재와 미래를 동시에 보는 균형 잡힌 안목을 가져야 하며, 그를 위해 끊임없이 노력해야 합니다. 그렇지 않을 경우 기업은 리더 때문에 헤어나올 수 없는 위기에 빠질 수 있습니다.

 회장님의 한마디

듣고 보니 나도 찔리는 것이 있구만. 미안하네~

다음엔 내가 오해하지 않게 자네가 바라보는 미래를 좀 더 자세히 말해 주게.

나도 늙나봐. 총기가 떨어지는 것 같네.

"COO 어디 있는지 찾아서 내 방으로 불러주세요."

난 COO에게 전할 소식에 한껏 마음이 들떴다.

"이번에 드디어 회사가 흑자로 전환될 것 같습니다."
"너무 기쁜 소식이네요. 직원들도 기뻐하겠어요."

"모두들 너무 애써 준 덕분입니다."

"직원들에게 빨리 알려주고 싶네요. 하하!"

"그럼요. 그래야죠. 하하."

"그런데 한 가지 상의하고 싶은 게 있어요. 적지만 이익이 나는 것을 축하하는 의미로 특별 인센티브를 주고 싶어요."

"그것도 좋은 소식이네요."

"다만, 금액이 너무 적어서 전체를 대상으로 나누기에는 좀 부끄러울 것 같은데, 이번엔 팀장 이상만 대상으로 나누는 것은 어떨까요?"

"얼마를 생각하는데 그러세요?"

"팀장 이상만 대상으로 한다면, 일인당 3백만 원 정도일 것 같아요."

"그럼 전체 직원을 대상으로 하면 얼마인가요?"

"일인당 평균 25만 원이요."

"그럼, 전체 직원에게 다 동일한 금액으로 지급하시죠."

"왜 그렇게 생각하시죠?"

"다 고생했는데 팀장 이상만 받으면 직원들이 실망할 것 같아요."

"COO님에게 더 돌아가는 것이 없어도 괜찮아요?"

"저야 월급을 더 받잖아요. 괜찮습니다."

"그럼 전체 정직원을 대상으로 나누도록 하죠."

"아, 잠깐만요. 계약직도 몇 분 계신데 그분들도 포함하면 좋겠습니다."

"계약직도 포함하자고요?"

"네. 그분들이 비록 정직원은 아니지만 같이 한 팀에서 일하는 분들이니 같이 나누는 것이 합리적이라고 생각하거든요."

"알겠습니다. 그러면 인당 돌아가는 금액이 더 줄겠네요."

"괜찮습니다. 모두 함께 이룬 성과이니 다들 이해할 겁니다."

"좋습니다. COO님이 먼저 그렇게 제안해주니 너무 좋네요."

"다음 해에는 더 많이 벌어서 올해 받는 것보다 훨씬 더 받을 수 있도록 노력하겠습니다. 사장님께서도 너무 고생 많으셨습니다. 참, 사장님도 명단에 포함하셔야 합니다. 혼자만 또 빠지시지 말고요. 하하!"

"하하하, 저까지 챙겨 주셔서 고맙습니다."

"오늘은 기분 좋은 날이니 끝나고 맥주 한잔하고 집에 갈까요?"

"그거 좋죠. 제가 쏘겠습니다."

"하하하! 감사합니다."

직원을 우선시하는 마음

이번 이야기는 제가 겪었던 실제 사례입니다.

오랜 기간 적자에 시달리던 기업에 들어가 흑자 전환에 성공했던 시기에 당시 임원과 나눈 대화 내용을 각색한 것이죠. 당시에 저는 2명의 임원에게 훨씬 더 많은 인센티브를 책정하고 직급별로 차등을 두는 인센티브를 생각했었습니다. 흑자로 전환되기까지 임원들의 수고와 희생이 컸고, 전체 규모가 너무 작아서 전 직원을 대상으로 하면 너무 소액이 되기에 그 금액으로 무슨 효과가 있을까 하는 의구심이 들었기 때문입니다. 하지만 그 임원은 자신이 충분히 더 받을 수 있음에도 불구하고 전체 직원들을 모두 생각하는 안을 제안했습니다. 계약 직원까지 모두 포함하는 안이었습니다.

그 제안을 들으며 그 임원에게 제가 말한 안을 따를 경우와, 그가 제안한 안을 적용할 경우 그 임원이 받을 수 있는 금액을 비교해서 제시했습니다. 하지만 그는 그 차이에도 불구하고 전체 직원을 생각하는 안을 원했습니다. 그리고 1년 뒤, 저는 그에게 CEO 자리를 물려주었습니다.

세상에는 리더가 누구인지에 대해 너무나 많은 정의와 개념이 존재합니다. 하지만, 리더는 본인보다 직원을 앞세워야 하는 사람이며, 때로는 자신의 이익을 흔쾌히 희생하는 사람임을 고려하지 않는 리더가 너무 많습니다. 이는 리더라면 당연히 갖추어야 할 덕목이기에 여러 번 반복해도 부족합니다.

자기 자신만을 챙기는 리더가 이끄는 조직에 다니고 있다면 어느새 당신에게 그 못된 성품과 태도가 전염되지 않았는지 자신을 돌아보길 권해드립니다.

사람들은 헌신하지 않는 리더를 따르지 않으며 리더는 직원들을 자신보다 더 아껴야 합니다. 그런 리더가 이끄는 조직이 진정으로 강한 조직이라는 것을 늘 명심하시길 바랍니다.

회장님의 한마디

자네가 받을 돈을 직원들에게 양보하겠다고? 허허허. 내가 사람 하나는 잘 키웠고만.

허허허!

김 비서, 거기 지난번에 선물 받은 위스키 한 병 가져오게.

이건 내가 자네가 예뻐서 주는 선물일세.

부장님은 나오실 때도
잘하고 나오셨나봐요
다시 오라고 연락도 오고

뭐 그런 말이 있잖아
'건너온 다리도 태우지 마라'

나올 때 나오더라도
서로 맘 안 상하게
잘 하고 나왔지

잘하셨네요
요즘 대기업이라고
안심할 수 없으니까요

나도 전 직장에서
수시로 연락이 왔었는데

"안녕하세요. 저는 △△기업 CFO로 새로 입사한 고매한이라고 합니다."

"아, 안녕하세요. 이번에 새로 오신 분이군요. 반갑습니다."

"김 상무님 이야기는 많이 들었습니다."

"아, 그러세요? 입사 축하드립니다. 그런데 혹시 제게 전화하신 이유가 있으신가요?

"네. 상무님께 부탁드리고 싶은 것이 있어서 전화 드렸습니다. 그런데 전화로 말씀드리기엔 좀 길고 번거로워서 한번 찾아 뵙고 자세히 설명을 드리면 좋겠습니다."

그렇게 그와 나는 약속을 잡았다. 날 찾아와 그가 내게 요청한 내용의 대강은 그랬다.

내가 몇 년 전 퇴사를 하면서 후임으로 채용된 CFO에게 넘겨준 인수인계 서류철을 하나하나 꼼꼼하게 살피다 보니 주거래 은행 교체 관련한 제안서가 들어있었고, 그 서류에는 사장의 승인까지 남아 있었던 것이 발견되었다. 새로 온 CFO는 왜 몇 년 전 내가 만들어 놓고 나온 꽤 두꺼운 인수인계 서류를 꼼꼼하게 뒤졌을까?

무슨 이유인지는 다 알지 못하지만 이전 CFO와 법정 소송을 진행 중인데 내가 만들어 놓고 나온 인수인계철에서 회사에 유리한 증거가 나온 것이기에 날 찾아온 것이다. 그 서류는 이미 사장이 결정한 사안에 대해 내 뒤에 온 CFO가 그대로 실행을 하지 않고 본인이 알고 있는 지인이 있는 은행으로 주거래를 옮겼다는 사실을 입증하는데 결정적인 증거가 됐다.

난 그 과정에서 당시에 왜 그 결정을 했고 어떤 승인 과정을 거쳤고 인수인계를 어떻게 했는지 의견서에 내용을 담아 법원에 제출했다. 그리고 얼마 후 회사는 그 CFO와의 소송에서 승소했다.

경영진이 감사의 뜻으로 식사에 초대했기에 모처럼 방문한 회사에서 내가 만들어 주고 나온 두터운 인수인계 서류를 다시 볼 수 있었다. 그것은 내게도 익숙지 않은 경험이었다. 내가 만들었던 인수인계 서류철을 천천히 뒤져보며 인수인계를 어떤 마음으로 해야 하는지 깊은 교훈을 얻은 사건이기도 했다.

사람의 됨됨이는 끝을 보면 안다

시작이 비록 어렵다고는 하지만 대부분의 사람들이 무엇인가를 시작할 때는 열정을 갖기 마련입니다. "시작은 거창하다", "시작이 반이다", "용두사미" 등과 같이 시작과 관련된 말들이 제법 많고 우선 시작하면 무엇인가 이루어질 거라는 기대를 품게 됩니다.

하지만, 시작이 반이라는 말처럼 시작은 했으나 끝을 보지 못해 대부분의 일들을 반만 하는 사람들을 주위에서 아주 많이 볼 수 있습니다. 그렇기 때문에 리더의 자질 중 하나가 '끝을 향한 집념'이라고 해도 지나치지 않습니다.

회사에서 만난 리더들 중 "난 일을 벌리기는 잘하는데 마무리가 약해서 그걸 잘하는 스태프가 필요해요."라고 말하는 사람을 자주 만나지 않으셨나요? 저도 그런 유형의 리더들을 종종 만나고는 했습니다.

그런데 일의 마무리를 하지 못하는 것을 개인의 성격적 특징으로만 생각한다면 "난 시작은 잘하니까. 끝을 못내지만 괜찮아!"라고 핑계거리만 제공할 것입니다.

감히 말하지만, 단언할 수 있는 것은 리더가 마무리를 잘 못한다는 것은 몹시 치명적인 약점입니다. 왜냐하면 모든 일이나 성과는 시작에서 결정되는 것이 아니라 끝마무리에서 결정되기 때문입니다.

이와 관련된 친숙한 예시를 하나 들어보겠습니다.

영국 프리미어리그 2021-22 시즌의 마지막 경기가 있기까지 우승 팀이 결정되지 않은 상황이었습니다. 맨체스터시티와 리버풀 두 팀이 승점 2점 차이라는 박빙의 점수 차로 1위와 2위를 기록하고 있었고 마지막 경기의 결과에 따라 우승 팀이 뒤바뀔 수 있는 상황이었습니다.

1위를 달리고 있던 맨체스터시티는 마지막 경기인 아스톤빌라와의 경기에서 기대와는 다르게 후반 75분까지 2:0으로 무기력하게 끌려가는 경기를 보이고 있었죠. 그때 마지막 남은 15분 동안 3골을 몰아치는 저력을 발휘하며 우승을 확정합니다. 이것이 바로 끝마무리를 짓는 것입니다. 아스톤빌라는 75분 동안 경기를 지배하면서 잘하면 오늘 이길 수도 있겠다는 기대를 했을 것입니다. 하지만 마지막 15분 동안 마무리를 실패했습니다.

아무리 멋진 시작을 하고 화려한 개시를 한다고 해도 잘 마무리를 짓지 못하면 얻을 수 있는 것은 아무것도 없습니다. 비즈니스의 세계도 마찬가지입니다. 오히려 어느 세계보다도 더욱 냉혹하지요.

모든 성과는 시작이 결정하는 것이 아니라 마무리가 결정합니다. 그렇기 때문에 "난 마무리를 잘 못해."와 같은 말은 자신이 리더로서 자격이 없다고 말하는 것과 같습니다.

마무리는 해도 되고, 안 해도 되는 선택의 영역이 아닙니다. 이것은 비단 리더에게만 해당되는 말이 아닙니다. 사례에서 소개 드린 것처럼 이직 시에도 업무 인수인계를 하는 태도가 그 사람의 수준에 대한 가장 정확한 평가가 됩니다. 재직 중에 아무리 멋지게 일을 했더라도 마무리를 제대로 하지 않고 떠난다면 그 일은 오랫동안 그 사람에 대한 평가로 남을 것입니다.

실수나 실패는 시작 단계에서 해야 하는 것이지, 마무리 단계에서 하면 안 됩니다. 그렇기에 리더는 끝을 소중하게 다루어야 합니다.

징기스칸은 이렇게 말했습니다. "행동의 가치는 그 행동을 끝까지 이루는 데 있다."

 회장님의 한마디

난 마무리를 좋게 한 친구들이 종종 생각나. 비록 가우스를 떠나 다른 곳으로 갔지만 언제라도 기회가 된다면 다시 불러서 함께 일하고 싶어. 하지만, 끝을 엉망으로 하고 간 친구는 마음에서 아예 지우지. 자네들도 기억해~ 사람의 됨됨이는 끝을 보면 알아!

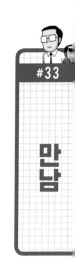

33

만남

악전고투 중이죠
옛날과 다르게 이젠
세계와 경쟁하는 시대니까요

요즘 파워그룹은
좀 어때?

그래 걱정이 많을 거야
우리 한창 때랑은 세상이
많이 바뀌었으니까

그래서 걱정입니다

응? 거기 마탄 군
아닌가?

"직장 생활을 오래 하다 보니 누군가 새로운 사람을 만나는 게 점점 더 어려워져. 물론 만나려는 마음만 있으면 힘들 것도 없지. 커뮤니티 같은 것에 참여해 보면 모르는 새로운 사람을 만날 수도 있지만 그 자체가 피곤해. 누군가 새로운 사람을 만나면 일단 어색하잖아. 그 사람도 나도 서로 소개를 해야 하는데 나를 소개한다고 생각하면 이상하게 긴장도 되고 어떻게 소개해야 하나 두렵기도 하고. 그러다 보니까

매일 회사에서 만나는 사람이나 거래처 사람, 알고 지내는 친구, 지인 등 이미 알고 있는 사람들을 만나는 것이 편해. 새로운 만남으로 인한 피곤함에 대해서 신경 쓰기 싫고 필요성도 못 느끼겠어. 내가 이상한 건가?"

"아니, 뭐 그렇게 이상할 것은 없지. 다만, 요즘같이 빠르게 돌아가는 세상에서는 언제든 너의 환경이 바뀔 수도 있잖아? 네가 직장을 옮길 수도 있고 동료들이 떠나고 새로운 사람들이 올 수도 있고 신입으로 오는 직원들도 있고. 따지고 보면 그 사람들도 다 모르는 사람이잖아. 그래도 넌 그 사람들과 잘 지내고 있고. 그러니까 만약을 생각해서라도 너무 만남을 제한할 필요는 없을 것 같은 생각이 들어."

"네 말도 일리는 있어. 하지만, 너무 오래 이러고 살았나 봐. 그래서인지 선뜻 용기가 안 나. 새로 입사하는 사람들과는 인사를 하는 정도고, 그중에 나와 업무적으로 연결된 사람과는 업무 관련 대화만 하지."

"난 그리 불편하지는 않아. 너 그러다가 팀장으로 승진하거나 더 큰 조직을 맡게 되면 어떻게 할래?"

"사실, 그런 제안을 받았어. 팀장을 하라는. 근데, 생각해 보니까 피곤하겠더라고. 그래서 거절했어. 회사에서는 내 연한도 있고 그래서 내가 하는 것이 좋겠다는 의견이지만 난 팀장을 할 생각이 없다고 했지. 나도 언제까지 내가 피할 수 있을지 모르겠다. 그래도 또 하라고 하면 그때는 어떻게 해야 하나 생각이 복잡해."

관계의 울타리에 갇혀 살지 말라

사람마다 성향이 다르지만 전 개인적으로 사람을 만나고 나면 지치고 피곤을 많이 느끼는 편입니다. 그렇기 때문에 긴 회의도 좀 힘들어 합니다. 사교성이 없는 편이라고 제 자신을 소개하기도 합니다.

그럼에도 의도적으로 사람들을 만나려고 노력을 합니다. 제가 그러는 데에는 이유가 있습니다.

1) 조직에서 위로 올라갈수록 결국 사람을 움직이는 것이 주요 업무가 됩니다. 다양한 사람을 만나고 대화를 나누면 사람을 이해하는 데 있어서 도움이 됩니다.

2) 사람들을 평소에 만나고 알아 두는 것이 일을 진행하는 데에도 도움이 됩니다.

3) 사람들을 다양하게 만나면 어떤 문제에 봉착했을 때 그 문제를 풀 수 있는 방법을 찾거나 대안을 가진 사람들과 이어질 확률이 상대적으로 높습니다.

4) 능력 있는 인재를 채용해야 할 때 좋은 사람을 찾을 수 있는 가능성이 높아집니다.

5) 제가 하려는 프로젝트 등에 대해 도움을 줄 사람들과 만날 기회가 열립니다.

6) 이직을 원하거나 새로운 일을 찾을 때, 그 기회가 의외의 사람들을 통하여 열리는 경우가 있습니다.

그 밖에도 사람을 만난다는 것은 유익한 점이 매우 많습니다. 만남에 대해 내가 가지고 있는 바운더리, 즉 울타리가 있습니다. 위의 사례처럼 기존에 알고 있는 사람들만 만나는 사람의 경우 그 울타리가 견고한 것이죠.

이 울타리를 넘는 자세가 필요할 때가 있습니다. 나의 바운더리 밖에 있는 사람들을 만나 보는 것을 시도하면 얻을 수 있는 것이 참 많습니다. 특히나 내가 하고 있는 일과 연관된 분야의 사람들을 만나는 것은 매우 유익하며, 다양한 분야에서 일하고 있는 사람들과 만나는 경험은 무엇으로도 바꿀 수 없는 기회를 이어주기도 합니다.

한 발자국만 내딛는다면, 새로이 만난 사람을 통해 그의 인맥 속으로 들어갈 수 있습니다. 만남이 또 다른 만남을 이어주는 신비로운 경험을 하게 됩니다. 몰랐던 사람이지만 새롭게 만나고 그 후 함께 책을 쓰는 사람들도 있고 함께 취미 삼아 프로젝트를 진행해 볼 수도 있습니다. 이런 것처럼 만나는 사람들을 유심히 관찰했다가 같이 일해 보는 경험까지 나아가는 것을 시도해 보면 좋겠습니다.

어느 분야에 대해 해박한 사람을 만나 해당 분야에 대해 듣고, 눈으로 그를 직접 볼 수 있다는 것은 몹시 유익한 경험이 될 것입니다.

회장님의 한마디

내가 한 달에 한 번 재능 있는 인재들과 만남을 갖고 있는 것을 자네는 알고 있나?

얼마 전에는 곽백수라는 웹툰 작가를 만나서 서로 즐거운 대화를 나누었지.

집에선 나이든 늙은이가 왜 피곤하게 모르는 사람들을 자꾸 만나는지 걱정을 하기도 해.

하지만 진짜 늙은이는 사람에 대한 궁금증도 호기심도 없는 사람이야.

이번에 창립 50주년을 맞아
새롭게 가우스 연감을
만들려고 합니다

#34

사
진

가우스의 창업과 성장 과정을
거대한 서사시로
만들 예정입니다

음 그래 좋구만

그래서 자료로 쓰일 사진을
회장님이 직접 골라 주셨으면
합니다

음...
그래

 나 가우스전자 회장일세.

여기까지 읽느라 고생 많았어.

우리 회사에서 함께 동고동락하는 자네들은 회장
인 나만의 자랑이 아니야.

자네들은 자네 집안의 자랑이자, 이 사회의 자랑이기도 하네.

나는 가진 것 없이 맨손으로 사업을 일으키며 오늘날에 이르기까지 누구로부터 리더는 이래야 한다는 가르침을 받아본 적도 없다네. 한때는 그런 내 모습에 열등감을 느끼기도 했어.

조금 더 내가 현명했더라면, 조금만 더 내가 배웠더라면, 더 잘 이끌 수도 있었는데 하는 아쉬움이 늘 있었네.

이 내용은 그런 내 마음을 담아 자네들을 위해 만든 것이야.

세상에 리더라 불리는 사람은 아주 많아. 하지만 누구도 리더다운 리더가 어떤 존재인지 명확히 가르쳐 주지 않아.

자네들이 혹시라도 내게 그것을 묻는다고 해도 아마 나도 그럴 거야. 머릿속으로 뱅뱅 돌면서 막상 입밖으로 안 나오는 그런 것처럼 말야.

하지만 내게는 책임이 있잖아? 잘났으나 못났으나 자네들을 이끌고 가우스전자를 세계일류 기업으로 키울 책임, 자네들 한 사람 한 사람을 가우스전자의 리더다운 리더로 성장시킬 책임 말이야.

그런 마음을 담은 내용이라 생각하고 이 책을 읽는 것에서 그치지 말고 마음으로 거듭 느끼며 자네 것으로 소화해 주길 바라는 마음일세.

책을 보면 알 수 있겠지만 혹시나 하는 늙은이의 노파심에 한마디만 더 하고 싶네.

내가 자네들에게 바라는 것은 스스로 생각하고 스스로 판단해서 선택하며 결정하되 그 결과에 대해 용감하게 책임지는 그런 주도적인 사람이 되는 것일세.

주도적이되 소통을 적극적으로 하는 열린 주도성, 타인을 배척하지 않고 협업하면서 서로 지지하는 협력의 주도성, 부하 직원의 주도성을 존중하며 그들이 주인공이 되기를 바라는 위임의 주도성. 난 자네들이 그런 인재로 클 수 있다고 생각해.

그동안 세상은 참 많이 변했어. 지금도 변하고 있고. 내 세상은 이미 갔다네.

이제 자네들의 세상이지. 자네들이 리더되기를 포기한다면 우리 회사는 소망이 없다네. 가우스전자는 이제 자네들의 삶이고 자네들의 무대야. 가우스에서 동료들과 함께 세상을 향해 훨훨 나는 리더가 되지 않겠나?

진정한 리더를 꿈꾸는 자네들에게 마지막으로 하나만 더 당부하고 싶네.

오늘의 가우스는 오래전 나와 창업 초기 선배들이 우리의 안전을 담보로 엄청난 크기의 두려움을 감내하며 선택했던 수많은 의사 결정의 결과라네.

사업을 일궈내는 하나하나 쉬운 것이 없었어. 우리는 늘 두려움 속에서 담대한 결정을 했지. 그리고 그 결정이 성공이라는 결과로 돌아오도록 노력했어. 자네들이 누리는 지금의 위치와 사업적인 기반은 누군가의 용기 있는 결단이 없었다면 존재하지 않았을 걸세.

이제 이 늙은이는 자네들에게 요구하고 싶네.

자네들이 힘을 모아 용기있는 결단을 내려가게. 그 결정들이 모이고 모여서 10년, 20년 후 새로운 후배들의 삶의 터전이 될 거라는 것을 명심하게.

두려워하되 머뭇거리지 말고 담대하게 결정을 내리는 리더가 되게.

이 늙은이는 자네들을 기쁜 마음으로 언제나 응원할 거야.

가우스전자! 화이팅일세!

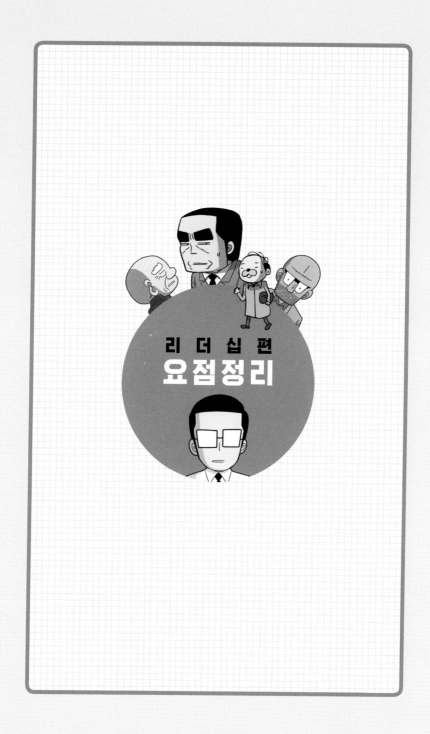

① 지적인 위장술에 속지 말라

- 보고서나 메일은 기업에서 가장 빈번하게 사용되는 의사소통의 방법입니다. 그리고 그 목적은 전하려는 메시지를 명확하게 전달하여 상대가 이해하도록 돕는 것입니다.

- 메시지의 내용에 집중하고 겉치장에 시간을 들이지 마십시오. 특히 최신 유행 용어 등을 섞어서 모호하게 작성하지 마십시오. 그런 용어는 오직 메시지의 정확한 전달에 도움이 될 때만 사용하십시오.

- 스스로 이해를 못했으면서도 전문적인 용어를 섞어서 보고서를 써서 마치 아는 것처럼 꾸미지 마십시오. 이해가 안 되면서도 모르겠다는 말을 하기 부끄러워서 마치 아는 것처럼 넘어가지 마십시오.

- 목적이 상대를 이해시키는 것이라면, 그에 걸맞은 행동을 해야 합니다.

② 소통은 경영의 현재형이다

- 어떠한 이유로든 회사 안에서 소통이 자유롭지 않다면 시급히 고쳐야 합니다. 소통이 가장 강력한 기업의 경쟁력이기 때문입니다.

- 소통을 가로막는 이유는 여러 가지가 있지만 그중 내부 경쟁, 즉 사일로 현상으로 인한 소통 단절은 기업을 약화시키는 문화적인 중병으로 발전합니다.

- 같은 구성원끼리 경쟁하며 싸우도록 방치하지 마십시오. 우리가 사업을 하는 방식은 구성원 간의 협력을 통하는 것입니다.

- 내 편과 남의 편을 구분은 하고 삽시다.

③ 당신이 커리어의 주인이다

- 우리 회사는 모든 직원들이 주도적인 존재이길 바랍니다. 즉 자기 인생과 경력의 주인으로서 주인 의식을 가지고 기업 내에서 일하길 희망합니다.

- 우리가 생각하는 리더의 조건도 '주도성'입니다. 스스로 주인답게 자신을 세우고 다

른 사람 또한 그 인생의 주인으로 존중하고 인정해야 합니다.

• 기업의 주인이 인생의 주인인 당신과 계약을 했습니다. 이 계약은 권리를 가진 주인 간에 맺어진 고용 계약입니다.

• 기업의 주인이 인정하고 계약한 직원들을 종처럼 다루는 것은 절대 안 됩니다.

4 소통의 두 가지 모습, 경청과 반응

• 소통은 두 가지의 모습을 가지고 있습니다. ①듣거나 읽는 것과 ②반응하는 것입니다.

• 둘 중 하나라도 부실하면 소통의 질은 현저히 떨어집니다.

• 듣거나 읽기, 그리고 반응에 대한 당신 자신의 원칙을 만들어 보십시오.

• 소통을 어떻게 하는지가 당신의 됨됨이를 보여줍니다.

5 워라밸에 대한 균형 있는 관점

• 워라밸을 법적으로 보호받는 근로 조건으로만 이해하는 것은 균형 잡힌 시각이 아닙니다. 워라밸은 개인의 선택이기도 합니다.

• 어디까지 얼마나 빨리 올라갈지 원하는 정도는 각자 다를 것입니다. 각자 다르게 원하고, 원하는 바에 따라 각자 다르게 노력할 수 있습니다.

• 서로의 다름을 인정하는 마음으로 각자가 선택한 노력의 모습도 인정해야 합니다.

• 워라밸은 각 사람이 주도적으로 선택하는 삶의 방식이어야 합니다.

6 무조건적인 추종이 위험한 이유

• 리더를 존경하는 마음과 행동은 아름다운 것입니다. 하지만, 무조건적인 추종은 위험합니다.

• 자신의 관점이 없는 무조건적인 추종은 자신과 리더 모두를 망가지게 만듭니다. 특

히, 상사의 겉으로 보여지는 습관을 모방하지 마십시오.

- 존경은 하되 추종은 하지 마십시오.

7 정보와 경험이 흐르게 하라

- 소통의 조건이 꼭 환경에 달려 있지는 않습니다.

- 소통은 문화와 더 가깝게 연결되어 있습니다.

- 의사소통은 흐름과 공유의 개념을 갖습니다. 즉 정보와 경험이 흐르고 공유되는 것이 바로 소통입니다.

- 직원들이 소통을 잘하게 하고 싶다면, 리더들부터 협력하여 정보와 경험이 흐르도록 열린 자세로 소통하십시오.

8 대안을 강요할 때 문제는 숨는다

- 대안이 없는 문제 제기를 비난하지 마십시오. 대안이 없어도 문제는 제기되어야 합니다.

- 문제를 알고 원인을 파악하는 것이 시작이고, 대안은 그 다음입니다.

- 가장 위험한 일은 문제가 무엇인지 모르는 것입니다.

- 누구라도 자유롭게 문제 제기를 하고 대안은 다같이 협력해서 찾도록 합시다.

9 솔선수범의 참 의미

- 리더의 솔선수범은 스스로 모든 것을 다하는 것이 아닙니다.

- 리더의 솔선수범은 자신이 주인공이 되는 것을 의미하지 않습니다.

- 리더의 솔선수범은 누군가를 키워서 그가 주인공이 되도록 만드는 것에 그 목적이 있습니다.

- 리더는 솔선수범을 하는데 정작 성장하는 구성원이 없다면 그의 솔선수범은 잘못

되어 있는 것입니다.

10 경쟁 대신 자신에게 집중하라

- 치킨 게임(겁쟁이 게임)이 무서운 이유는 누구에게도 이롭지 않은 경쟁을 하기 때문입니다.
- 어떤 조직이던 치킨 게임의 함정에 빠질 수 있습니다.
- 의미 없는 내부 경쟁을 치킨 게임을 하듯이 반복하지 마십시오.
- 경쟁 대신 자기 자신에게 집중하는 삶을 사십시오.

11 가장 쉬운 것은 나를 변화시키는 것이다

- 사람은 어떤 상황에서도 적응합니다. 직원들도 리더에 맞추어 자신의 행동을 조정하며 적응을 하기 마련입니다.
- 하지만 잘 적응하는 것이 만족 혹은 행복하다는 의미는 아닙니다.
- 적응으로 회피하지 말고 자신에게 물으십시오. "나는 정말 괜찮은가?"
- 만족과 행복을 위해 무엇인가 변화가 필요하거든 자신부터 변화시키는 용기 있는 시작을 하십시오. 왜냐하면 세상에서 가장 쉬운 것은 자신을 변화시키는 것이기 때문입니다.

12 상대를 위한 것이라면 상대에게 물어라

- 리더들의 심각한 착각은 자신이 부하 직원들을 키우고 성장시킨다는 생각입니다. 마치 리더는 선생, 팔로워는 학생으로 여긴다는 것이죠.
- 그렇기에 직원에게 쓰는 비용에 대해서도 그들의 성장을 위해 쓰여야 한다는 강박을 갖기도 합니다.
- 직원을 위해 쓰는 비용은 직원이 원하는 방향으로 쓰세요. 복지 비용을 교육 훈련 비처럼 쓰려고 하지 마세요.

- 직원들은 그들 스스로 성장할 것입니다.

13 취향과 방식은 인정하되 원칙과 규범은 따르게 하라

- 모든 사람은 고유한 차별성을 갖기에 모두 다릅니다.

- 각 사람의 차이를 인정할 줄 아는 것이 '성숙함'입니다.

- 각자의 취향과 방식은 인정하되, 기업이 정한 원칙과 규범은 따르게 하십시오.

- 취향에 대해 깐깐하고 원칙에 대해 헐거운 사람은 리더로서 존경받지 못합니다.

14 관점이 다르면 약점을 강점으로 볼 수도 있다

- 성공이 오히려 독이 되는 경우는 기업에서 아주 흔합니다. 마찬가지로 강점이 약점으로 변하는 경우도 많이 있습니다.

- 사람의 편견은 약점을 약점으로만 보게 합니다. 하지만 그렇지 않다는 것을 기억하십시오.

- 하지만 좋은 리더는 편견을 거부하고 약점을 강점으로 보도록 사람들을 자극하며 훈련하여 편견에 사로잡힌 마음의 눈을 열어 줍니다.

15 스스로 생각하고 길을 찾는 주도성을 길러라

- 묻는 직원으로 키우길 원하시나요? 답을 찾는 직원으로 키우길 원하시나요?

- 습관적으로 묻는 직원은 스스로 답을 찾지 않습니다.

- 스스로 생각하고 답을 찾는 것이 리더의 조건입니다.

- 리더로 키우고 싶다면 그가 스스로 답을 찾도록 하십시오.

16 무고와 험담은 무거운 대가를 치른다

- 무고와 험담을 어떻게 다루는지에 따라서 기업의 문화는 바뀝니다.

- 방치하면 정치적인 문화가 싹트고, 잘라내면 협력의 문화로 갈 수 있는 기틀이 생깁니다.
- 동료를 무고하는 것은 팀워크를 깨는 무자비한 행동입니다.
- 그렇기에 무고를 방치하는 리더는 선한 동료를 지키지 않는 비겁한 사람이며 그런 리더는 직원들도 보호하지 않습니다.

17 베끼지 말고 나만의 이야기를 찾아라

- 베끼는 것이 창조의 시작이라고 생각하는 사람이 있습니다. 그렇기에 일정 부분 베끼는 것에 대해 관대한 사람도 많습니다.
- 리더 중에도 그런 식으로 리더십을 발휘하는 사람이 존재합니다.
- 하지만, 다른 사람의 방식을 베끼는 리더의 근본적인 문제는 자기로부터 출발하지 않는다는 것입니다.
- 진정으로 자기 것이 아닌 것으로부터 출발한 사람이 주인 의식을 가질 수 있을까요? 잘났든 못났든 당신의 것으로부터 시작하십시오.

18 구조 조정을 제대로 알고 나 자신에게 먼저 적용하라

- 구조 조정은 구조적인 변화를 통해 어려워진 사업을 다시 정상화시키는 것을 말합니다. 알고 보면 이런 상황은 매우 보편적입니다.
- 기업은 방향과 전략을 가지고 스스로 건강해지기 위해 언제든 구조 조정을 단행합니다.
- 대다수 개인들은 기업이 구조 조정을 할 때 수동적으로 그 변화를 받아들이는 입장에 섭니다. 하지만 가우스의 직원들은 그런 경우가 생길 때 기업이 제시하는 선택안만을 받아들이는 수동적인 입장에 머물기보다 스스로 준비한 대안이 있기를 바랍니다.
- 기업이 자신을 보호하기 위해 구조 조정이라는 대안을 필요할 때 실행하듯 개인도

자신을 위해 보다 적극적인 대안을 준비하기 바랍니다. 왜냐하면 비상시 자신을 위한 대안이 없는 사람은 현실적으로 주도성을 갖기 어렵기 때문입니다.

19 성과보다 관계를 앞세우지 말라

- 그 기업의 수준은 기업에 근무하는 사람을 보면 알 수 있습니다.

- 혈연, 지연, 학연 등 관계로 인해 모인 조직이라면 그게 그 수준입니다.

- 관계 중심의 조직은 성장에 뚜렷한 한계를 갖습니다.

- 성과를 중심으로 모이는 조직을 지향하십시오.

20 벤치마킹, 성공의 결과보다 이유와 과정을 카피하라

- 벤치마킹이란 기업이 경쟁력을 제고하기 위한 방법의 일환으로, 타사의 성공사례에서 배워오는 혁신적 기법을 말합니다.

- 벤치마킹은 단순한 복제와는 다른 개념으로서 장·단점을 분석하여 그중 적합한 것들을 자사에 적용해 시장 경쟁력을 높이는 개념입니다.

- 좋은 사례나 모델 케이스를 관찰해서 우리 회사에 적용해 보는 것도 권장할 일입니다. 그러나 한 단계 더 나아가길 바랍니다.

- 벤치마팅이 성공하기 위해서는 이유와 과정까지 자세하게 파악하여 자사에 맞도록 조정하여 적용해야 합니다.

21 이직을 통해 서로 성장하기

- 이직을 배신으로 여기는 생각은 절대 하지 않길 바랍니다.

- 누군가 떠나는 것은 누군가 새로 온다는 것을 의미합니다. 즉 서로에게 새로운 기회가 생긴다는 것입니다.

- 이직은 자연스런 순환이며, 이직을 통해 기업도 사람도 성장하는 기회를 얻게 됩니다.

- 새롭게 합류한 직원이 쉽게 적응할 수 있는 열린 조직 문화를 개발하는 것이 이직이 보편화되는 시대의 기업에게 필요한 자세입니다.

22 수평적인들 어떠하며 수직적인들 어떠하리

- 수평적 조직이나 수직적인 조직 중 무엇이 더 맞냐는 논의는 더 이상 도움이 되지 않습니다.
- 각 조직 형태가 갖는 특징과 강점을 이해하고 무엇이 우리 조직에 맞는지 선택하고 강점을 최대한 활용하는 것이 현명합니다.
- 두 조직의 문화는 다를 수 있지만 인간을 향한 존중의 정신은 동일해야 합니다.
- 자사의 특징을 이해하고 그에 맞는 조직과 문화를 채택해서 일관되게 가져가십시오. 비교하면서 내가 아닌 다른 것의 장점이 마치 내 것인 것처럼 가장하지 마십시오.

23 회사에서 어른이 된다는 의미

- 모든 조직에는 어른이 필요합니다.
- 어른은 스스로 생각하고 판단하고 결정하고 책임을 집니다.
- 어른이 어른을 키울 수 있습니다.
- 아끼는 사람일수록 어른으로 키우세요.

24 가장 강력한 인재 육성의 방법을 알자

- 견디고 버티는 힘을 길러주는 것이 육성의 본질은 아닙니다.
- 육성의 본질은 직접 경험하게 해주는 것입니다.
- 직접 할 수 있는 기회를 주는 것이 육성의 핵심입니다.
- 리더는 그 기회를 줄 사람을 선택하는 존재입니다.

25 그래도 실수는 실수다

- 실수나 실패가 없는 성장은 있을 수 없습니다.

- 하지만 그것은 실수나 실패를 자유롭게 해도 된다는 무조건적인 허용이 아닙니다.

- 실수나 실패를 통해 배우고, 교훈을 얻어 이를 긍정적으로 활용해야만이 실수와 실패는 의미가 있습니다.

- 기업은 실수와 실패에 관대한 조직이 아닙니다. 그로 인해 얻을 수 있는 장기적인 효익이 없다면 "실수는 그냥 실수일 뿐입니다."

26 자신이라는 브랜드를 키워라

- 회사에서 벗어나는 순간 우리는 미약한 것이 사실입니다.

- 기업에 기대어 있을 때만 힘과 능력이 있는 사람이 당신이 바라는 모습인가요?

- 기업도 마찬가지입니다. 기업의 이름이 사라져도 얼마든지 혼자서 더 멋지게 앞길을 개척하는 사람이어야 기업의 성장을 맡길 만하지 않을까요?

- 서로 누가 누구를 일방적으로 의지하는 관계가 아니라 독립적으로도 잘할 존재들이 만나 서로 시너지를 일으키는 모습을 그려봅니다.

27 집중을 위한 조건은 단순화다

- 좋은 디자인의 핵심은 더하는 것이 아니라 빼는 것입니다.

- 부수적인 것을 뺌으로 얻게 되는 단순함이 집중의 비결입니다.

- 단순함을 바탕으로 한 집중이 위대함을 만듭니다.

- 집중할 단 하나의 강점을 더욱 강화하기 위해 자원을 집중해서 투입하는 것이 바로 브랜딩이고 그것을 아는 사람이 우리가 생각하는 리더입니다.

28 **미괄식 보고와 친해지라**

- 두괄식이 보고의 진리는 아닙니다.

- 결론만 알면 된다는 생각은 소통의 장애물로 작용합니다.

- 과정과 맥락을 보고자의 속도로 이해하려는 마음을 기르십시오.

- 바쁘기에 결론만 듣고자 하는 태도로 인재는 길러지지 않습니다.

29 **답은 네 안에 있다**

- 세상에 완벽한 안전함이라는 것은 없습니다.

- 기업이 안전해도 직원은 불안합니다. 왜냐하면 누구나 스스로 자신을 전적으로 믿기 어렵기 때문입니다.

- 도전과 실험은 안정감이 있을 때 활성화된다고 하지만, 불안정한 환경에서도 도전과 실험을 하는 사람들이 존재함을 잊지 마십시오.

- 도전은 환경 때문에 나오지 않습니다. 그 사람의 내면에 있는 용기 있는 선택으로 하는 것입니다. 우리의 생각하는 리더는 그런 사람입니다.

30 **현재와 미래를 동시에 보라**

- 단기적인 시야로 하는 선택은 습관이자 태도입니다.

- 나만을 생각하는 사람은 주로 단기적인 선택에 치우치지만 조직 전체를 생각하는 사람은 장기적인 선택을 간과하지 않습니다.

- 지금 하려는 선택이 장기적으로 많은 사람에게 유익한 것인지 깊이 생각하십시오.

- 비록 당장은 내게 불리한 선택이라도 장기적으로 많은 사람에게 유익하다면 그것을 추구하는 것이 우리가 바라는 리더입니다.

31 **직원을 우선시하는 마음**

- 평범한 말단의 직원을 늘 고려하십시오.

- 숨겨진 곳에서 섬기는 직원을 늘 고려하십시오.

- 자신을 보호할 힘이 없는 직원들을 늘 고려하십시오.

- 그들을 생각하는 한 당신은 좋은 리더가 될 것입니다.

32 **사람의 됨됨이는 끝을 보면 안다**

- 시작은 열정적이지만 끝은 냉담하기 쉽다는 것을 기억하세요.

- 시작은 잘 하지만 마무리를 못 짓는다는 핑계를 대지 마십시오. 언제나 성과는 성공적인 끝에서 나옵니다.

- 리더는 시작만 하고 끝은 스태프에게 맡기는 것은 우리가 바라는 리더의 태도가 아닙니다.

- 인수인계를 허술하게 하는 사람과는 절대 다시 일하지 마십시오.

33 **관계의 울타리에 갇혀 살지 말라**

- 많은 경우 관계로 인하여 기회가 얻어집니다.

- 자신의 관계의 바운더리(울타리)에 너무 갇혀 살지 마세요. 그를 벗어나는 방법을 고안하여 익혀야 합니다.

- 기업 외부에도 소중한 관계가 있습니다. 울타리를 벗어나 밖에서 관계를 만드세요.

- 다만, 당신의 시간과 열정을 투자할 만한 가치가 있는 사람들과 만남을 가지세요.

34 **누군가의 용기로 오늘이 있다**

- 모든 기업은 그만의 이야기가 있고 그 속에는 사람이 있습니다.

- 그 기업의 이야기를 소중히 여기세요.

- 지금 당신이 누리는 일의 기회는 오래전 누군가의 용기 있는 결단과 의사 결정이 있었기에 얻어진 것입니다.

- 우리가 원하는 리더는 10년 혹은 20년 뒤에 후배들이 얻을 기회를 위해 지금 용기 있게 결단을 내리는 사람입니다.

EPILOGUE

웹툰을 바탕으로 이야기를 입혀 나가는 작업은 처음이었습니다. 그만큼 생소했지만 흥미로운 작업이었습니다.

처음 의뢰를 받았을 때는 과연 내가 할 수 있을까 의구심이 가득했는데 어느새 모든 작업을 끝마쳤습니다. 읽고 쓰면서 가우스전자에 등장하는 많은 인물들이 제 주변의 동료로 느껴질 정도로 친숙해졌습니다. 그들과 함께 했던 지난 몇 달이 저에게는 너무 행복한 시간이었습니다.

이 책을 쓰면서 바라는 것이 있었다면 모든 독자님들이 웃음으로 시작해서 끄덕임으로 덮는 책이길 원했습니다. 가장 폭넓으면서도 정답이 없다는 리더십이라는 주제에 관련된 다양한 스토리를 담았기에 자칫 두서없이 느껴질 수도 있습니다. 하지만 모든 에피소드에 진심을 담고자 최선을 다했습니다. 이제 책은 제 손을 떠났고 과연 독자님들께서는 어떤 느낌으로 평가를 하실 지 기대와 걱정하는 마음을 동시에 갖습니다.

마지막 34번째 회장님의 글이 제가 독자들께 말씀드리고자 한 핵심 내용이라고 해도 과언이 아닙니다. 리더의 고된 삶을 살고 있는 분들과 리

더로 성장하고 있는 모든 분들의 발걸음에 신의 가호가 함께 하길 기원

드리며 저도 마음으로 응원을 보냅니다.

  가우스전자를 사랑해 주시고 이 책을 구매해 주시고, 읽어 주신 모든

분들께 거듭 감사의 인사를 전합니다.

2022-09-21

작가 김성호

가우스전자
리더십 편

1쇄 인쇄 | 2022년 9월 29일
1쇄 발행 | 2022년 10월 6일

원작 | 곽백수
제공 | 네이버웹툰

지은이 | 김성호

책임편집 | 박정은
디자인 | 빅웨이브
마케팅 총괄 | 임동건
마케팅 | 전화원 한민지 이제이 한솔 한울
경영지원 | 임정혁 이지원

펴낸이 | 최익성
출판 총괄 | 송준기
펴낸곳 | 파지트
출판등록 | 2021-000049호
주소 | 경기도 화성시 동탄원천로 354-28
전화 | 070-7672-1001
팩스 | 02-2179-8994
이메일 | pazit.book@gmail.com
ISBN | 979-11-92381-23-7